「我们」终将变富

3招抓住
财务自由
关键点

兰启昌 著

电子工业出版社

Publishing House of Electronics Industry

北京·BEIJING

内 容 简 介

本书建立了"极简理财"的完整体系，帮助读者获得清晰的"理财地图"，搞懂投资的核心内容；同时提供了实践性很强的操作方法，让读者真正掌握理财技能，从而实现财富"滚雪球"，早日达成财务自由。

图书在版编目（CIP）数据

我们终将变富：3招抓住财务自由关键点 / 兰启昌著.—北京：电子工业出版社，2021.1

ISBN 978-7-121-40227-2

Ⅰ.①我… Ⅱ.①兰… Ⅲ.①私人投资－基本知识 Ⅳ.①F830.59

中国版本图书馆CIP数据核字（2020）第250997号

责任编辑：张月萍　　　　　　　特约编辑：田学清
印　　刷：中国电影出版社印刷厂
装　　订：中国电影出版社印刷厂
出版发行：电子工业出版社
　　　　　北京市海淀区万寿路173信箱　　　　邮编：100036
开　　本：880×1230　　1/32　　印张：7.375　　字数：198千字
版　　次：2021年1月第1版
印　　次：2021年1月第1次印刷
定　　价：59.80元

凡所购买电子工业出版社图书有缺损问题，请向购买书店调换。若书店售缺，请与本社发行部联系，联系及邮购电话：（010）88254888，88258888。

质量投诉请发邮件至zlts@phei.com.cn，盗版侵权举报请发邮件到dbqq@phei.com.cn。

本书咨询联系方式：010-51260888-819，faq@phei.com.cn。

前 言

有一些知识，很难从课堂中获得，但对人生特别重要。

如何正确地看待金钱？如何让钱不断"滚雪球"，让财富增值？投资理财的知识关系到生活的幸福与安宁，但大多数人对它缺少了解。

因此，你才会看到各种各样的新闻——年轻人盲目借消费贷，中年人乱投资被骗，老年人上高利贷的当……

这是一个很严峻的问题。虽然中国人的财富不断增加，但一部分人的财商并不合格。财商不合格，后果很严重。有一句话叫作："靠运气挣来的钱，凭实力还回去。"

我并非金融科班出身，了解投资理财，是出于个人需要，也是一个给自己"补课"的过程。

毕业几年后，我想买房，但网络上关于房价的争论太多。我想知道房子未来是不是保值增值的资产，于是一头扎进去研究，终于明白了房价的财富逻辑，所以下定决心在北京买房。

后来，我在准备买保险、买基金时同样发现，信息很多，但系统的、精准的内容很少。

在研究理财的过程中，我读了国内外近百本经典图书，进行了相应的实际操作，形成了一套"极简理财法"。

我为家人配上了性价比最高的全方位保险，解决了后顾之忧；

前两年买房，也赶上了房价低点；从 2018 年到现在，在资本市场的投资年化收益率也超过 15%。

这套方法，我不仅自己在用，同时为腾讯、阿里巴巴、喜茶等企业的朋友，制定了适应个人情况的财务规划；同时，也在得到大学等场合进行了专场分享。

投资理财是关系到人的一生的话题。为了给你带来真切的帮助，本书有三个特点：

第一，建立"认知框架"，给你一份精简"地图"。

投资理财是一个很大的领域，知识系统非常庞杂，对初学者来说，如何挑选知识、掌握核心内容，是一个关键问题。

本书先帮你了解投资理财的核心原则，在大脑中建立"地图"，这样即使"森林"再茂密，你也不会迷路。

与此同时，我从十几种理财品类中精选了保险、指数基金、房产三类，搞懂它们，就足以取得超越普通人的收益。

第二，以经典理论作支撑，让你放心使用。

因为投资理财关系重大，所以知识的正确性很重要。在写本书时，我尽量追求每一个重要观点背后都有经典的学术研究做支撑。

我大量阅读了巴菲特、芒格、雷·达里奥、杰里米 J. 西格尔、大卫·F. 史文森、约翰·博格等投资大师的图书，从中选取对当下中国人最有用的理财方法。

第三，本书的"极简理财法"操作性强，可以帮你快速上手。

理财不仅是知，更是行。光说不练，就不会有效果。

本书每一章都有大量的实操性指南，可以帮助你高效省钱、选保险、买基金、挑房子。

这些方法，都来自我的实际经验，不仅对我个人有用，当我分享给朋友以后，他们常常说："早点知道就好了。"

其实，种一棵树最好的时间是十年前，其次是现在。

这本书的名字叫作《我们终将变富》，我希望借此传递两个观念：第一，对自己有信心，即使是普通人，不断学习，终身成长，也能找到属于自己的财务自由之路；第二，对未来有耐心，不焦躁，踏实理性，就能做时间的朋友，站到胜利的那一边。

如果你读了这本书，有收获或者建议，请一定要告诉我，我的微博是 @ 兰启昌。

如果你觉得这本书特别有用，欢迎将它推荐给你特别在乎的人。

在此特别提醒各位读者：理财有风险，投资需谨慎。

目　录

第 3 章
保险，
为家庭建一个安稳的"避风港"

第 4 章
指数基金，
门槛最低的起步投资方法

第 5 章
买房，
普通人最重要的投资决策

附录 A　投资理财类好书

附录 B　优秀微信公众号

后记

致谢

第 1 章

学会理财，奔向人生终极自由

走到人生的某个阶段时，我决心要成为一个富有之人。这并不是因为爱钱的缘故，而是为了追求那种独立自主的感觉。我喜欢能够自由地说出自己的想法，而不是受到他人意志的左右。

——查理·芒格

有一次，我和一位好友聊天。他在大公司上班，工作多年，薪水很高，但依然很拼，每天深夜才下班。

我说："这么勤奋啊。"

他说："因为股票卖得早，买房买得晚。"

过去十多年，这家公司股票涨了几百倍，当地房价涨了近20倍。也就是说，他既错过了股票的财富浪潮，又没赶上买房的黄金节点。

这让人感到遗憾。其实，不仅是普通人，很多名人也同样经历过与钱相关的困扰。

比如，美国著名作家、演讲家马克·吐温，其代表作有《百万英镑》《汤姆·索亚历险记》。他是那个年代稿费最高的作者，写作天赋出众，但他有一个特别烧钱的爱好——做风险投资。

他投资了一个自动排字机的创业项目，最开始就显得不靠谱，但创业者每次都忽悠他，在16年里总共投了将近20万美元，结果该项目遭遇惨败。在他生活的时代，20万美元可是一笔巨款，相当于现在的500万美元。

他不光做风险投资，还喜欢买股票。他曾经买过俄勒冈铁路公司的股票，在78美元高点买入，然后在12美元低点卖出。

通过一系列的折腾，这位文学天才最终背负了巨额债务，债务人竟然有101人之多。最终，他不得不通过环游全球演讲来还清债务。

从 1895 年开始，他带着妻子和女儿，开始做全球演讲，横穿美国大陆，再去加拿大，先后到达新西兰、印度等许多国家，这一场环球流浪最终历经了 9 年时间。

后来，他在短篇小说《傻头傻脑的威尔逊》中写下这样一段话："十月，这是炒股最危险的月份；其他危险的月份有七月、一月、九月、四月、十一月、五月、三月、六月、十二月、八月和二月。"

如果把人生中重要的事情排序，财富能排在前三名。不管你在其他方面多有天赋、多有成就，都不能忽略投资理财。

我们常常提到智商、情商，其实，财商对现代人同样重要。一个人如何看待、管理财富，会极大地影响他的生活状态，甚至是幸福与自由。

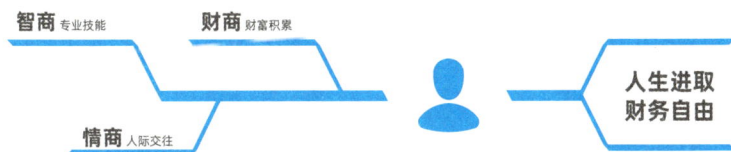

智商 专业技能　　**财商** 财富积累　　　　　　　**人生进取财务自由**

情商 人际交往

为什么这么说呢？主要有三大原因。

1.1　理财为生活系好"安全带"

成年人的崩溃，往往是从借钱开始的。

很多人都有过缺钱的经历，特别是遇到紧急或重大情况。其中，两类事情最花钱：

第一类：疾病、交通事故等意外事件；

第二类：家庭养老、子女教育等重大项目。

针对这些情况，我们需要提前做好财务上的准备，为人生做好保障。否则，事到临头，我们会很被动——让自己的财务状态迅速恶化。

这几年，在朋友圈中我们经常看到"大病募捐"的链接，只要是熟人转发的可靠内容，我就会捐些钱。我心里在想："普通人的生活状态太脆弱了，一场大病，就可以让中产家庭致贫。"

因此，我们需要做好财务准备，提升自己的抗风险能力，当意外来临时，能够充分应对它。

保险是一种很好的金融工具。它让你花较少的钱，应对可能发生的重大损失。

从本质上来说，买保险也是一种"理财"。因为理财就是资产配置。如果说获取收益的投资行为是"进攻型理财"，买保险就是"防守型理财"。

在战争中，防守和进攻一样重要，甚至防守更重要。只有把防守做好，才能立于不败之地，然后等待敌人出现差错，一击制胜。

保险在中国的历史很短，从业人员素质参差不齐。很多人被保险公司"坑"过，对保险有点畏惧。在本书第3章，我会仔细介绍高性价比的保险产品。

除了疾病、交通事故等意外，养老和教育也需要很大一笔钱。随着现代人寿命的增加，养老成了一个需要认真准备的课题。

人到老年，劳动能力下降，身体状况变差，如果没有足够的财富保障，生活会变得很凄惨。日本、韩国的状况，我们可以用来借鉴。

以日本为例，人口老龄化越来越严重，政府的养老压力非常大。

2018 年，日本政府拟定修改公务员的退休年龄，计划将公务员的退休年龄从 60 岁延长至 65 岁。未来可能将推迟到 70 岁。

与此同时，日本政府还宣布，要改革养老金制度，现在是 65 岁开始领养老金，未来可能到 70 岁才能领。甚至，日本前首相安倍晋三提出"永不退休"的理念，主张日本国民终身工作，延迟领取养老金的时间。

更悲惨的是，很多日本老人，在年轻时没有积蓄，到了老年以后，为了维持生计，只能继续工作。很多年轻时是白领的人，老年以后去做退休前从没想过会从事的工作，如快递员、保安、清洁工、加油员的工作。

日本有 3000 万高龄人群，每 5 人就有 1 人的生活水平低于贫困线。很多已过花甲之年的老人，要在酷暑天当廉价的劳工。他们因经济拮据而妻离子散，还有父母需要照顾，在日本被称为"下流老人"。

"下流"不是指卑劣，而是社会底层的意思。这个说法是一位叫藤田孝典的日本作家提出的。他认为"下流老人"有三个特征：收入低下，存款不足，老无所依。

韩国的人口老龄化情况与日本很相似。在韩国，很多垃圾分类回收厂的工作条件不好，老板最愁的就是招不到工人。就在年轻人纷纷离开的时候，许多老人冒着难闻的气味和被玻璃扎手的危险，走上了流水线。甚至，韩国有专门的银发快递公司，专门招收老人做快递员，送那些比较轻便的货物。

经济增长速度放缓，养老金出现缺口，老年人越来越多……在这样的情况下，人们曾经设想的理想晚年，成为遥不可及的梦想。这是日本、韩国正在发生的现状，也给我国敲响了警钟。

我们不能将希望寄托在养老金上，不能指望政府和企业来为我们的老年生活"兜底"，需要提前准备养老金，做好长期规划。

子女教育也是一笔大投入，有人做过测算，如果在一线城市，父母希望让孩子接受中等偏上的教育，在孩子 18 岁前大概要投入 200 万元，这还没算上买学区房的钱。

看完这些，你可能会想——人生太艰难了。

实际上，人生是否艰难，取决于你怎么想、怎么做。

一部分人，年轻时不在乎理财的人，到中年，甚至晚年，才看到财富的真相，会觉得它赤裸裸，太残酷。

另外一部分人，年轻时看到财富的真相，就能尽快醒悟，定下努力目标，从而早日行动。

当你读完本书，掌握理财的方法，推开财富增值的大门时，你会发现，时间是你的朋友，那些人生的意外，可以通过各种方法做好保障。这也是本书的写作目的。

这是理财最基本的意义，可以帮大家远离人生的苦境。

疾病、交通事故等意外事件

家庭养老、子女教育等重大项目

学习理财

1.2　理财为人生"打开"无限可能

除做好保障以外，理财还有另外一层重要的意义——让我们过上更好的生活，看到人生更多的精彩可能。

有人认为，理财等于省钱。甚至有人会为了省钱，牺牲自己的大量时间。

最近有这样一条新闻：上海有一位男生，为了省钱，家中攒了上千张优惠卡。为了更好地整理这些优惠卡，他把优惠卡贴到墙上，整整一面墙都被贴满了。他还做了很多笔记，记下什么时候该用哪些优惠卡。

他有一个厚厚的本子，专门记录各种优惠信息，包括优惠额度、使用的规则和期限等。如果家中有需要，他就直接去使用优惠卡。他说自己很享受这个过程。

从理财的角度来看，这种做法就是典型的"捡了芝麻，丢了西瓜"。

极端的"节省"，并不是好的理财状态。金钱本身并不是目的，它应当是我们获得幸福的助力。如果我们只聚焦在"钱"上，反而会失去人生更多的精彩可能。

改革开放前，中国还不太富裕。"50 后""60 后"在这种状态下成长，过了很多苦日子，养成了非常节俭的习惯。后来，尽管经济条件改善了，他们的心智习惯依然停留在过去。

我有一个朋友，他每次过年回家，都要检查一下家里的电费账单。为什么呢？尽管他家每年冬天很冷，但是他的父母一直觉得开空调太费电，舍不得用。

他第一次发现这件事时，哭笑不得。即使空调整天开着，一个月也就增加一些电费，对他们家来说，完全没有负担。

父母在一个 12℃ 的房子里休息与在一个 22℃ 的房子里休息是两种完全不同的状态，甚至会对他们的健康产生影响。

因此，他和父母立下规矩：每次回家，他都要检查电费账单，从中可以看出父母是否开了空调。

我们学习理财，不是为了存下一堆不用的金钱，而是为了破除对金钱的恐惧，在力所能及的范围内，追求更好的物质与精神体验，为人生打开一扇扇大门。

2018 年，埃隆·马斯克旗下的 Space X（太空探索技术公司）宣布，将于 2023 年发射"大猎鹰火箭"实现绕月飞行之旅，这趟行程可以搭载 8 人左右，向全世界招募自费前往的游客。

这条新闻吸引了全世界的目光。最终，日本企业家前泽友作包下所有座位，计划邀请一些艺术家朋友和他一起开启绕月飞行之旅。据计算，他要为这趟旅行支付近 43 亿元人民币，将近其财产的三分之一。

前泽友作是一位白手起家的创业者，没上过大学，20 岁起就开始销售西方音乐 CD，挣到了"第一桶金"。后来，他创办了日本时尚电商 ZOZOTOWN。

除了大胆创业，他还举办现代艺术展等以普及与振兴现代艺术，支持年轻的艺术家和音乐家。他的消费观也令人惊奇。2016 年 5 月纽约的一次拍卖会上，他以约 5700 万美元的价格拍下了美国艺术家巴斯奎特的一幅作品。2017 年 5 月，他又以约 1.1 亿美元的价格拍下巴斯奎特的另一幅作品。

即使是他这样的富豪，这种支出也并不常见，更何况他为了登月旅行要花掉三分之一的财产。

他在社交媒体上发布的一条内容，解释了这种做法的原因，被网友收藏了两万次。他写道：

钱越花越多。使劲花钱，就能得到意想不到的东西，体验到意想不到的事情，遇到意想不到的人，成为自我成长的食粮。于是，自己就会挣到更多的钱，花再多的钱，进一步成长。如此无限循环，而钱不会减少。

你可能会想，前泽友作太有钱了，普通人根本无法模仿。但他并非天生富有，而是践行这套哲学，走到今天。

他在接受《人物》杂志采访时，这么解释：

我的花钱思维方式，从小就是这样，与钱的多少没有什么关系。我还是个小学生的时候，兜里只有一点点零花钱，但全部用来买"仙魔大战"的巧克力，朋友们都很想要，我就把巧克力分享给他们，成为人群中最瞩目的那个。高中生时代，我全力购买硬核朋克的唱片，朋友们都想要，就用原价卖给他们，开始了解商业模式，之后创办了公司一直到今天。

前泽友作通过正确地花钱，扩大自己的社交圈，开启了自己的事业。这种"理财观"，会让人获得更多的机会。

与此相反，有一些人，即使长大以后变得有钱，依然舍不得花钱。

哈佛大学终身教授穆来纳森做了一项影响很大的研究，发表在权威的《科学》杂志上。他认为，一个人在长期资源稀缺的情况下，会培养出"稀缺头脑"模式，从而失去决策所需的心力。

一个穷人，为了满足生活的需要，不得不精打细算，不停考虑省钱，没有任何多余的心智资源去考虑投资和发展。这里的"穷人"，并不是指财富很少，而是指大脑停留在"稀缺头脑"模式的人。

怎样才能摆脱"稀缺头脑"模式，让金钱为人生开启更多的可能呢？在以下三方面，你可以考虑适当多花钱。

首先，为自我能力提升而投资。在买有用的课程、书籍时，千万别吝啬。

我在报社实习时，有一位记者刚大学毕业 5 年，就出版了两本畅销书。后来，他辞职创业，如今公司做得很不错。他说，自己毕业后养成了一个习惯——每年用 1% 的收入来买书。

在变化如此迅速的时代，我们所拥有的知识、经验、技能很容易过时，因此需要不断学习、不断自我更新。而且，当你养成了学习的习惯，就会从中体验很多乐趣。

其次，为人际交往资源而投资。在饭局买单时，我们会看到，很多人抢着"表演"买单，但其实没有人愿意买单。

别做这样的人。对那些你认可的朋友，要舍得为他们付出，为他们花钱。你的"朋友圈"质量，决定了财富的"天花板"。交到好朋友，是人生最重要的投资。

最后，为个人生活体验而投资。有关学者做过研究，当一个人临终时，很少会想起自己拥有过什么物品，印象最深刻的，往往是某些体验。

体验是那些你曾经身处其中，但无法被带走的场景，只能存在于记忆中。比如，看一场话剧表演、做一次深度旅行、听一场最爱歌手的演唱会。

那些瞬间，鲜活地留在脑海里，让你觉得"生命诚可贵"。

你的"朋友圈"质量，
决定了财富的"天花板"。
交到好朋友，
是人生最重要的投资。

扫描二维码，关注公众号
输入"社交"，获得锦囊

为 **自我能力提升** 而投资

为 **人际交往资源** 而投资

为 **个人生活体验** 而投资

1.3 越早理财，越早享受自由

诗人裴多菲有一首名诗："生命诚可贵，爱情价更高。若为自由故，两者兼可抛。"

人人都爱自由，可是怎样才能获得自由呢？巴菲特的搭档查理·芒格说：

> 走到人生的某个阶段时，我决心要成为一个富有之人。这并不是因为爱钱的缘故，而是为了追求那种独立自主的感觉。我喜欢能够自由地说出自己的想法，而不是受到他人意志的左右。

芒格把财富看作自由的基础。没有财富做保障，自由不过是"镜中花""水中月"。

你可能会想："芒格和巴菲特太有钱了，他们所说的自由，是不是得成为大富豪才能拥有呢？"

答案并非如此。

他们所说的自由，不是指"一年挣一个亿"想怎么挥霍就怎么挥霍的自由，而是指不受金钱限制，不因缺钱而恐惧，可以掌控时间的自由。

我把这种状态叫作"佛系财务自由"，每个人都有潜力达到这种状态，不必成为亿万富翁，只需要被动收入超过日常开支就行。

什么是"被动收入"？就是你不用去工作也能产生的收入，如房子的租金、书籍的版税、投资产生的收益。

有人把它叫作"睡后收入"，也就是说，即使你在睡觉，这些收入也在源源不断地进入你的口袋。

当你实现"佛系财务自由"以后，你会发现，金钱不再是你人生的阻碍，可以放胆追求有意义的人生。

什么是有意义的人生？个人认为，就是做自己喜爱的事业，与欣赏的人在一起。

巴菲特虽然很有钱，但他一直住在奥马哈这座小城，热衷用优惠券买汉堡和可乐。看财报、做投资就是巴菲特极度热爱的事业，用他自己的话来说，就是"每天跳着踢踏舞去上班"。

我第一次看到这句话时，心里很疑惑："工作让人疲倦，为什么巴菲特如此快乐？"

后来，我才意识到"工作"与"事业"有很大差别。如果为了买房、买车而去上班以获得报酬，那么工作是必不可少的苦行。但是，如果你在工作中获得意义，真心认同并喜欢它，工作就变成了让你快乐的事业。

对"非富即贵"的普通人来说，刚毕业时比较穷，选择的工作，往往是能够多赚钱，快速改变财务状况的。这并没有错，生存比发展更重要。

但是，我们不能停留在这个境况中。我们可以积累财富，通过正确的投资，不断增加"被动收入"，从而在某一天实现"佛系财务自由"。到那个时候，我们再去追求自己热爱的事业，就会心底无忧。

假如你在一线城市工作，到 40 岁时，积累了 500 万元可投资资产。这些资产每年按照收益率 8% 来算，也能产生 40 万元的"被动收入"。这些"被动收入"，基本可以覆盖家庭的日常开销。恭喜你，实现了"佛系财务自由"。

假如你不在一线城市工作，虽然收入增长更慢，但生活花销更小，实现"佛系财务自由"，也并非不可能的事。

你可能会想：到 40 岁才实现"佛系财务自由"会不会太晚了呢？

在中国，居民人均预期寿命超过 77 岁，40 岁实现自由，你还有很长的一段时间，去追求自己热爱的事业，去过自己想过的人生。

需要注意的是，当你实现"佛系财务自由"以后，你不能从此就坐吃山空。坦白来讲，那些钱也是不够的。

它带来的真正好处是，你可以将时间投入到自己热爱的事业上，获得成就感和幸福感。

很多人以为，生命中最美好的时光，是那些悠闲、放松的日子，其实并不是这样的。

心理学家米哈里·契克森米哈赖提出"心流"理论。他认为，人生中最愉悦的时刻，通常是在为了某项任务全情投入，完全沉浸在其中，把体能和智力发挥到极致的时刻，这就是"心流"时刻。

对一位游泳运动员来说，也许是刷新自己纪录的时刻；对一位小提琴家来说，也许是把一段高难度乐曲演奏得出神入化的时刻。

对普通人来说，也许是游泳、登山、滑雪，做手工活或者在做某项工作时，都有可能体验到"心流"时刻。

　　如果你所做的工作只是为了谋生，你在劳作时，就会经常产生不满的情绪。但是，当你摆脱了金钱的束缚时，可以自由选择要做的事，将有助于你获得更多的"心流"时刻。

　　经年累月的"心流"体验，慢慢累积成一种掌控感，让我们感受到自行决定人生走向的参与感，这是最接近"幸福"的状态。

　　在本书中，我会先拆解最经典的理财知识，帮你建立理解投资理财的框架，养成储蓄投资的习惯。

　　接下来，我会详细分析如何买保险，借助一套标准，避开保险中的各种陷阱，为人生做好多重保障。

　　然后，你可以用生活中的闲钱，投资到基金中，积少成多，与时间做朋友，享受到复利带来的奇迹。

　　最后，我们一起仔细了解房地产。我们这代人买合适的房子，是最重要的投资决策。我们买对一套房，可以少奋斗 10 年。

　　经过上述四个步骤，你将学会一套既靠谱又容易上手的"极简理财法"，重新改变对财富的认知，并且越来越接近财务自由的状态，开始追寻真正的自由与幸福。

　　接下来，让我们启程。

第 2 章

抓住关键，找到理财知识『藏宝图』

一生能够积累多少财富，不取决于你能够赚多少钱，而取决于你如何投资理财，钱找人胜过人找钱，要懂得钱为你工作，而不是你为钱工作。

——巴菲特

在本章中，我们会从理财知识、积累本金、保护征信三个方面，一步一步发现理财知识"藏宝图"，为理财做好充足准备。

2.1　在理财中，最重要的"黄金三角"

有人做过统计，那些从中产阶层变成"贫困阶层"的人，往往不是因为正常消费，如吃一顿大餐、买一个包而让财务状态发生大变化。

这些人主要犯的错，是盲目投资。在缺少理财知识的情况下，受到他人蛊惑，买各种高收益产品，最后"爆雷"。这些人辛辛苦苦积累的财富变成了"过眼云烟"。

在开始理财前，你需要构建一张"知识地图"。你只有掌握了地图，走入理财森林中，才不会迷路，才更有可能到达"财务自由"的终点。

这张"知识地图"，并不复杂，一共有三个关键点。

2.1.1　收益率：一年赚多少钱

提到投资理财，我们想到的第一个问题是：能挣多少钱？

收益率，就是用来回答这个问题的。用一段时间内的回报除以本金，就是收益率。

计算收益率有多种方法，常见的是"年化收益率"。也就是说，把一笔钱投入到某个理财产品中，一年后能获得多少额外回报。

你可以先问自己：我想要多高的年化收益率？

收益率太低，理财的意义不大。但收益率越高，你就要承担越多的风险。

那么，多高的收益率是合适的呢？我们从一个传奇人物说起。

股神巴菲特出生在美国一个普通家庭。小时候，他向邻居卖报纸，长大后专门做投资。他完全依靠自己的能力，在家里"没矿"的背景下，到现在积累了几百亿美元的财富，常年排在世界富豪榜前几名。

这样一个白手起家的投资大师，你猜他的年化收益率是多少呢？我们现在合上书，用 10 秒钟想一想。

很多人会想，挣到几百亿美元，年化收益率至少得 50%。

实际上，巴菲特的年化收益率是 22%。世界上最伟大的投资者之一，创造了财富奇迹的巴菲特，年化收益率"只有"22%。

这是一条金线。如果有人向你卖理财产品，告诉你这款产品有多靠谱，回报有多高，只要他说年化收益率超过 22%，你大概就可以断定这是一个骗子。毕竟，全世界只有一个"巴菲特"。

巴菲特为我们设定了投资理财的"上限"，我们再看看在日常生活中，各种理财产品收益率的情况。

首先是银行理财产品。一般来说，银行存款等固定收益理财产品，收益率不会超过 5%。即使是地方银行，5 年定期存款收益率也难以超过 5%。

其次是债券。债券发行人分为国家和企业。国家发债，有政府信用做背书，风险较小，保证本金，也保证收益，但收益率一般不超过 5%。

企业发债，情况更复杂。信用好的企业，其收益率比国家债券（简称国债）的收益率稍微高一些；信用差的企业，其收益率可以超过 10%，但有可能债权人连本金也拿不回来。

这就像你借钱给朋友，他当时信誓旦旦地说一年就还清，还准备付高利息，但一年后，他死皮赖脸地说没钱还，你一点儿办法都没有。

再看 P2P，年化收益率大概在 7% 上下浮动，而且 P2P 不承诺保本保息，有违约风险。如果一个 P2P 产品的年化收益率超过 12%，你需要特别小心，因为平台很有可能是用高收益骗取资金，最终"跑路"。过去几年，这样的新闻出现不少。

基金在生活中很常见。近年来，随着互联网金融的发展，如微信零钱通、余额宝等货币基金，受到越来越多人的追捧。货币基金特点是风险小、随时可取，但收益率不高，一般为 2% ~ 4%。

另外，货币基金还有主动型股票基金、被动型指数基金等种类，其风险和收益情况更复杂，我将在后面的章节中详细介绍。

理财产品类型		特点	收益率
银行存款		极低风险，低收益	不超过5%
国家债券		极低风险，低收益	不超过5%
企业债券	信用高	收益具有相对稳定性	5%左右
	信用低	高风险，高收益	超过10%
货币基金		低风险，低收益	2%~4%

你了解完这些主流理财产品就会明白，巴菲特的 22% 年化收

益率太厉害了，普通人难以达到。

全国社保基金理事会理事长楼继伟在接受记者采访中说，老百姓要加强风险意识，不能一看收益（率）高就被忽悠进去了。他强调，"保证 6% 以上回报率的就别买，那是骗人的"。

既然如此，我们做投资理财，年化收益率就超不过 6% 吗？并不是这样的。在本书中，我会介绍适合普通人且不复杂的投资方式，争取实现 10% 的年化收益率。

你可能会想："10% 和 5%，看上去差别不大，有意义吗？要不我干脆去买银行理财产品算了。"

仅看一年收益，确实差别不大。但如果按照"复利"计算，结果会超出想象。

所谓"复利"，就是把每年投资产生的回报，继续用来投资，而不是把钱拿出来旅游、买包等消费掉。简单来讲，"复利"就是不断让钱生钱。

假设你 25 岁，在一线城市工作，工作步入正轨，每月攒下 3000 元做投资。

第一种情况，把钱放在银行理财产品或者货币基金中，年化收益率是 3%。

第二种情况，把钱用来买债券基金，年化收益率是 5%。

第三种情况，定投优秀的指数基金，年化收益率是 10%。

30 年后，你退休了。这时候，你想把钱都取出来，到全球各地逛逛，享受人生，然后你打开账户，可以看到如下情况：

每月投入3000元，不同年化收益率下的长期回报

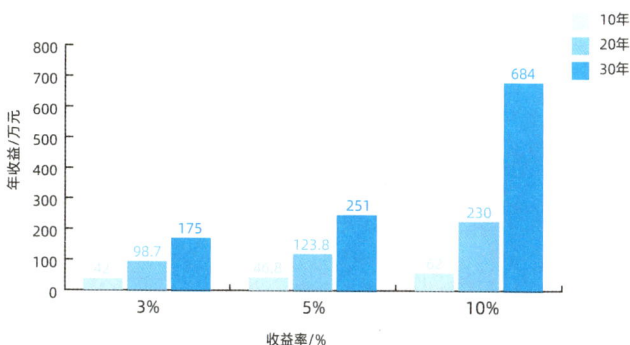

你用第一种方式投资，年化收益率是 3%，如今你的资产总额是 175 万元。

这是一笔金额不小的钱。它证明了"储蓄＋投资"的威力，如果你做"月光族"，那这些钱早已经消失得无影无踪了。

你用第二种方式投资，年化收益率是 5%，如今你的资产总额是 251 万元，增加了近百万元，可以让你的晚年生活更安逸。

你用第三种方式投资，年化收益率是 10%，如今你的资产总额是 684 万元。你看到这个结果，震惊吗？

复利是惊人的"核武器"，时间是投资者最好的朋友。它在短期内，收益差别不大，但从长期来看，复利足以产生翻天覆地的变化。

更何况，随着收入的不断提高，你可以每月增加投入的金额，从长期来看，它会积累成一笔巨大的资产。

2.1.2 风险：千万别亏钱

接下来，我们来看投资理财的第二个关键知识——风险。

投资新人容易盲目乐观，忽视风险，当各种各样的中介用高收益率来吸引人时，投资新人一不小心就"掉坑里"了。

在投资之前，我们需要了解：这款理财产品的风险怎么样？

我们可以用最简单的方式理解"风险"——这款理财产品是否保本。也就是说，你是否会亏掉本金。

按照这个判断标准，我们将所有投资分为两类：

第一类，低风险投资：几乎不可能亏掉本金。

第二类，高风险投资：亏掉本金很正常。

银行存款就属于第一类投资。从法律意义上来说，虽然银行经营不善可以申请破产，但发生的概率非常小。一般我们认为，把钱放在银行，能够保证本金的安全。

优秀国家的国债属于第一类投资，国家信用强，违约风险很低。但是，并非所有国债都是低风险资产。

国债是长期理财产品。比如，中国国债发行的年限有 1、3、5、7、10、30、50 年。如果你买了 3 年期国债，那这些钱在 3 年内无法取出。

另外，货币基金的风险很低，也可以算作第一类投资。

风险和收益是一体两面。这些投资的风险小，它们的收益率也不高。

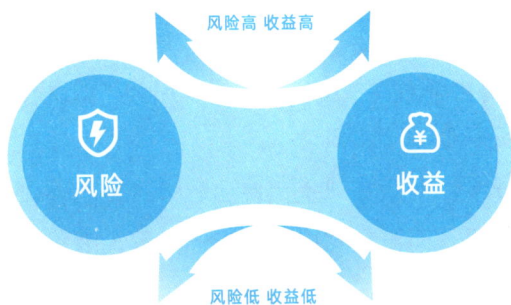

除此之外，对可能亏掉本金的"高风险投资"，我们就需要仔细鉴别了。其中，有一部分是"黄金"，有一部分是"沙子"。需要我们睁大眼睛仔细鉴别。

以股票为例，在牛市时，你能听到很多"股神"的故事。比如，有人从 10 万元起步，挣了 1000 万元，但在这样的"幸运儿"背后，有大量的"韭菜"沉默不言。

在股市中，有"一赚二平七亏"的说法。也就是说，10% 的人能盈利，20% 的人刚好打平，70% 的人会亏损。

以 2016 年为例，一亿多股民，只有 20% 的股民实现了盈利，剩下的股民全是亏损。这还是在 2016 年全年大盘涨了 13.4% 的前提下。

你可能会想：为什么我经常听到有人说，他的朋友买股票很厉害，堪称"股神"呢？

我们先来看一个故事。在第二次世界大战时，盟军科学家发现一个很有意思的现象，那些在空战中返航的战斗机，机身各种中弹，被打得千疮百孔，但很少有引擎和油箱部位被击中的情况。

如果你负责做飞机的改进，根据直觉，你可能会想——应该增加对机身部位的防护，因为它容易中弹。

幸好盟军科学家没有停留在直觉这一步。他们经过长期研究得出结论：引擎和油箱被击中的飞机，大多数已经坠毁，根本没有返航，而机身中弹对飞机整体影响没有那么严重，所以才出现"飞机机身更容易中弹"的假象。

人们将这个现象称为"幸存者偏差"。人们看到经过某种筛选而产生的结果，而没有意识到筛选的过程，因此忽略了被筛选掉的关键信息。

简单来讲，那些失败者没有机会发言，而我们很容易被成功者的表象迷惑，没有看到事情的真相。

如果一万人在做高风险投机，从概率的角度来说，总会有几个人"发财"，但他们的成功，仅是凭运气好而已。你无法通过模仿他的做法，取得"胜利"。这就像在赌场中，虽然大多数人输得精光，但总会有少数人像"赌神"一样。

过去 20 年，不论是搞期货、买股票，还是赌外汇，倾家荡产的案例不少。这些失败者常常躲在角落中埋怨自己，你没法听到他们的发言。因此，你很容易低估许多领域的风险。

从本质上而言，在投资领域，最根本的风险来自——你不懂自己所投资的领域。

你不知道自己真正在干什么，只是盲目听消息，乱投资。用古人的话说，就是"盲人骑瞎马，夜半临深池"；用当下的话来讲，就是"抓瞎"。

那么，什么叫"懂"呢？简单来讲，对任何资产的买入，有三条标准，你可以用来检验自己：

第一，你知道这项资产盈利的原因：为什么能挣钱？

第二，你知道这项资产盈利的周期：多久能落袋为安？

第三，你知道投资的竞争对手情况：我和谁在竞争？胜利的把握有多大？

我们以房产为例。为什么中国的房产过去 20 年增值比较快？有三个因素在驱动，即产业发展使城市产生大量机会；由此引发城镇化浪潮导致大量人口流入城市；人均收入普遍提高使得购房者数量增加。

房地产的资产增值周期是多长？一般来说，房地产有涨跌周期，持有期建议至少 3 年以上。

买房的竞争对手是谁？主要是和你我一样的普通人。在"房住不炒"的指导原则下，各地都出台了相关政策，买房需要资格，大公司大资本比较难解决这个问题。

需要注意的是，即使是同一类投资，这三个问题的答案也会不断变化。以买房为例，未来 10 年，就不会像过去那样简单了。

每次投资前，都问三个问题，就能守住自己的"能力圈"。

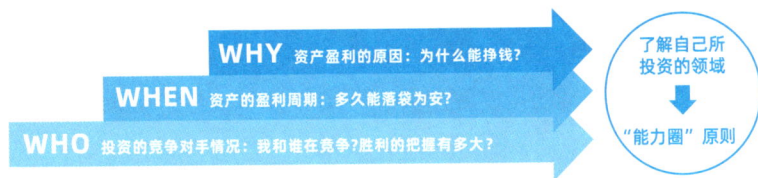

WHY 资产盈利的原因：为什么能挣钱？

WHEN 资产的盈利周期：多久能落袋为安？

WHO 投资的竞争对手情况：我和谁在竞争？胜利的把握有多大？

了解自己所投资的领域 → "能力圈"原则

巴菲特在分享投资方法时，最喜欢强调"能力圈"原则。他说：

> 对你的能力圈来说，最重要的不是能力圈的范围大小，而是你如何能够确定能力圈的边界所在。如果你知道了能力圈的边界所在，那你将比那些能力圈虽然比你大 5 倍却不知道边界所在的人要富有得多。

很多人嘲笑巴菲特不懂科技，这些年错过了谷歌、亚马逊等这些收益率增长最快的企业。但对巴菲特来说，这是一种慎重的选择。

他认为自己不懂科技行业，科技企业估值过高，宁愿放弃。后来，他投资苹果公司，也不是把它当作科技企业，而是看作一家具备广泛消费群体、品牌强大、现金流充足的零售企业。

当你在自己的"能力圈"内行动，你对自己能否获得回报心里有数，而不是期待好运气的降临。

当然，每个人的"能力圈"都可以拓展，特别是那些很重要且难度不高的能力。

在传统教育体系中，我们很难接受到投资理财知识。不论是刚毕业的年轻人，还是工作很多年的职场"老兵"，对这方面知识都可能了解不多。

很多人一谈到理财，就会心里发怵，往后退缩——要搞懂理财，是不是要数学很好，很爱计算呢？

我曾经也有这样的担忧。不过，当我开始认真研究投资领域的经典知识，并且动手实践之后，我可以很负责任地告诉你：

> **掌握最重要的理财知识，并不难。只要你读过高中就一定能学会理财。**

请注意"最重要的理财知识"这个限定语。因为在金融领域，有很多内容，已经发展到普通人无法理解的地步，如量化交易。但那些知识，你不需要知道。

"大道至简"，每个学科底层的内容，都非常简洁。

如果你不以金融为主业，只想找到实现财务自由的"极简理财法"，搞懂最重要的理财知识就足够了。这也是本书的写作目的。

2.1.3　流动性：随时把资产变成现金

了解完收益率、风险之后，我们再来看第三个重要的理财知识点——流动性。

从最简单的层面理解，流动性就是指资产变成现金的难易程度。

在日常生活中，人们难免会遇到急用钱的时刻，如家人重病、突然失业。在这种情况下，我们会发现，现金最管用。

我有一个朋友，他父亲半夜发病，被送进急救室。医生说，马上要动手术，先交 20 万元手术费。结果，他发现银行卡上的余额不够，大多数的资产都在锁定期一年以上的理财产品里。在这种情况下，他就只能找朋友借钱了。

过去，人们觉得失业很罕见。未来，随着经济周期的波动，以及人工智能技术的发展，一些行业可能出现经常性失业的现象。

因此，我们需要为意外情况做准备，不然生活可能会陷入困境。

在投资中，投资者一定要考虑资产流动性问题。每种资产的流动性是不同的。比如，银行活期存款等同于现金，流动性非常好；基金、股票的流动性也不错，投资者提出赎回申请，一般会在第二个工作日到账。

但银行定期存款、P2P 理财的流动性差一些，常常需要定期存半年，甚至几年。

另外，房产的流动性也比较差。如果你要出售一套房子，从挂牌、买家看房、签订合同、拿到全款，大多数情况下要花半年以上时间。如果遇到房地产调控期，楼市交易不活跃，整个流程就很可能至少需要一年时间。

人生不可能一帆风顺，因此我们不能把所有资金都放到长期投资中，要给自己准备一份"生活备用金"，在急用钱的时候，随时能取出来。

你可以根据个人风险承受情况，设定"生活备用金"的标准。比如，我设定的标准——准备 6 个月的"生活备用金"。

"生活备用金"的流动性要求很高，一般可以放在货币基金中。

细心的你，很可能会发现一个问题：股票的流动性也不错，变现很方便，为什么"生活备用金"不能用来投资股票呢？

这要考虑流动性的第二个层面。我们在"风险"部分中提到任何一项投资都有"盈利周期"，即这项投资要产生良好的回报需要多长时间。

我们做投资的目的是能够盈利，但每项投资的盈利周期不一样。

以股票为例，即使你选中了一家好企业的股票，至少也要持有 3 年以上，才有较大的概率会挣钱。

股票价格，时刻在波动。短期的波动，由市场情绪主导，股民根本无法预测；从长期来看，大部分股票价格会随着企业价值的增长而增长。

像贵州茅台这样的股票，尽管长期增长很厉害，但如果你做短线操作，就会发现：在一个月内或者一个星期内，股票价格经常出现下跌。

与大多数人想的不一样，股票的流动性很差。在出现紧急情况时，虽然你随时可以将它卖掉，但很可能要承担亏损的风险。

因此，在做"高风险投资"时，一定要用闲钱。

现在，我们理解了流动性的两个层面：

第一，资产变为现金的难易程度；

第二，"盈利周期"的长短。

在理财时，我们应该做分散投资，从而保证流动性较好。比如，你手头有 10 万元现金，可以这样配置：

第一，把 30% 的钱用作"生活备用金"，这些钱只存在货币基金中。

第二，把 10% 的钱用来做好风险防范，也就是保险。

第三，把 60% 的钱放进自己能搞懂的"高风险投资"，如指数基金。

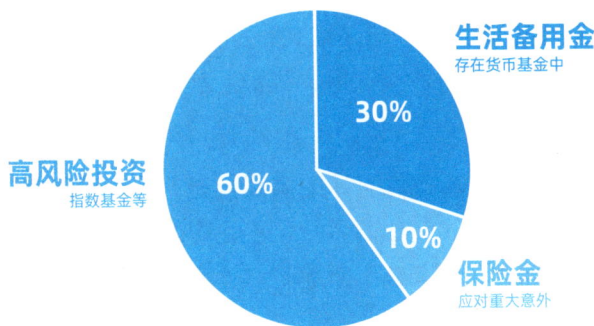

上述第二点和第三点，我会在后面的章节中展开介绍。

2.2 获得人生"第一桶金"

当你掌握收益率、风险、流动性这三个最重要的概念之后，就打下了坚实的"地基"。接下来，我们进入理财准备的第二阶段——积累本金。

2.2.1 第一桶金：积累越早，跑得越远

关于理财的起始本金，网上有特别多的说法。甚至，有些人号称——资产 500 万元以下，不要考虑理财。

这句话大错、特错。他们把理财当作"高考"，只有做好极其充分的准备，才能走上"考场"。

这种人有"毕其功于一役"的想法。正是因为有这种想法，反而会增强"赌性"。这种人觉得"我不能承受失败"，一旦失败就一败涂地。

实际上，理财是一项类似游泳的实践技能，没有谁可以通过学习理论就能完全掌握。它如同游泳，不论你多有天赋，都需要到水里去，才能学会。只有在不断地呛水、反思与改进以后，你才能体会到畅游的感觉。

你越早开始理财，就比别人拥有越多的时间去学习、积累经验。人在年轻时，犯错成本低，可以做更多尝试，尽快让自己成熟起来。

比如，你现在有 10 万元，用来买股票，熊市来了，亏得一塌糊涂，但最多也就损失了 10 万元。

如果你会反思，从中吸取教训，增长见识，未来挣钱的概率就越来越大。

相比之下，人在年老时，投资理财犯错，就是一场悲剧。人在 60 岁时，把全部积蓄投进高风险产品，一旦出事，后果就极其严重。

2015 年，上海的黄老先生给当地公安局写了一封信，说他一辈子的积蓄都被骗走了，现在损失惨重，想死的心都有。

黄老先生当年 75 岁，本应颐养天年却遭遇了沉重的打击。因为这笔投资，他和家人的关系都闹翻了。

他把钱全部投给了一家生物科技公司。这家公司承诺，投资的年化收益率可达 24%，黄老先生一年什么都不用做，用于投资的 31 万元，就可以净赚 7 万多元。

黄老先生心想，靠这每年 7 万多元的利息，退休生活可以高枕无忧了。

股神巴菲特的年化收益率才 22%。如果黄老先生对理财有一些了解，就不会上这样的当了。

任何一个投资理财高手，都有过失败的经历，巴菲特也是如此。在掌握了基本的投资理财知识以后，只有通过"做中学"，我们才能真正提高投资能力。

那么，我们到底该从什么时候开始理财呢？

存款有 5 万元就可以开始理财了。为什么定这个标准？它让你的理财操作既有意义，又有一定的门槛。

本金太少，如本金一两万元，即使年化收益率增加 5%，也对结果影响不大，反馈不足，反而影响你长期坚持投资的决心。

本金越多，你就越能享受"规模效应"。你拿 50 万元和 100

万元去做投资所花的时间差不多。但是，如果计算单位时间的理财收益，那明显后者更高。

对大多数人来说，积攒 5 万元都不难实现。即使你刚毕业，工资不高，辛苦工作两年，也能积攒下来。

不过，能力归能力，意愿归意愿。现在"月光族"越来越多。我有一些朋友，名校毕业，工资挺高，但全都用来消费，甚至为了还信用卡，经常"拆东墙补西墙"。

事实上，真正能存下 5 万元的人并不多。《2016 中国家庭金融调查报告》称，55% 的家庭没有或几乎没有存款。

我们来看具体的数据。招商银行发布的 2018 年财报，在它的 1.25 亿人客户中，0.05% 的私人银行客户拥有约 30.0% 的总资产；1.88% 的金葵花及以上客户拥有 80.9% 的总资产。

其他 98% 的客户，约 1.2 亿人，仅拥有 20% 左右的财富，平均算下来，每户 1 万多元。这就是社会现实。

这种情况，在全世界都普遍存在。根据美国著名杂志《大西洋月刊》的报道，近一半美国人的存款不超过 400 美元。

人天生爱享受，特别是借贷越来越方便，提前消费、透支消费的现象越来越普遍。

但是，近乎零存款的财务状况很危险。一旦生活中发生意外情况，人承担风险的能力就非常弱。

那些能够成为金钱的主人、获得自由的人，很早就养成积累本金的习惯。这种习惯，涉及一种重要的能力——延迟满足。

延迟满足 ➞ 积累本金 ➞ 提高理财效率
提高抗风险能力

从 20 世纪 60 年代开始，斯坦福大学心理学家沃尔特·米歇尔博士陆续招募了几百名孩子进行著名的"棉花糖试验"——研究人员把孩子带进房间，房间桌子上放着一颗棉花糖。研究人员告诉孩子：自己有事要离开一会儿，如果他回来的时候，孩子没有吃掉棉花糖，就可以得到一颗额外的棉花糖作为奖励；如果孩子吃掉了棉花糖，孩子没有奖励。结果，三分之二的孩子吃掉了棉花糖。

研究人员对这批孩子进行长期跟踪调查，发现那些喜欢吃棉花糖但坚持忍耐更长时间的孩子，往往拥有更好的人生表现，如更好的考试成绩、教育成就、身体素质。

沃尔特·米歇尔从试验中得出推论：善于调控自己的情绪和行为和能延迟满足的孩子，拥有更好的心理健康水平和更大的成功机会。

他们为了获得将来的更大利益，而主动延迟或放弃眼前较小的利益。这种习惯对人的成长至关重要。

钱是成年人的"糖果"。有些人发完工资以后，立刻跑到商场疯狂购物消费，这就是立刻"吃糖"的人；有些人目光长远，把一部分钱存起来，通过合理的投资，期待在未来拿到更大的一笔钱，这就是能坚持晚一点儿"吃糖"的人。

2.2.2　分清三类消费，学会正确省钱

我们明白了积累"第一桶金"的重要性。那么，怎样才能做到呢？

很多人为自己辩解：我也想存钱，但不知道为什么就是留不下来。

要做好储蓄这件事，可以按照以下三个步骤进行。

第一步，你需要搞清自己的消费习惯。

我刚毕业那半年，每到月底，就会发现自己囊中羞涩。但钱究竟花在哪里了呢？一脸茫然。

我在思考：怎样才能更好地知道钱的去处呢？我发现有一个好办法——记账。

刚开始，我看到有人推荐手写记账的方式，但是我尝试了两天就放弃了——太麻烦，也不方便查找。后来，我看到很多记账类App，于是下载了一个，并开始使用。

有些人会每笔账都记，但那样太烦琐了。我定的规矩——任何超过10元的消费都要记下来。如果是买瓶水喝，就不需要记账了。

你可能会想：记账需要记一辈子吗？

当然不需要。记账不是目的，它的作用在于帮助你画出一张自己的"消费地图"。这张地图画好以后，你就不用再记账了。一般来说，记3个月账就足够了。

记账3个月后，你可以对自己的消费情况进行盘点分类，从而避免不必要的支出。

记账类 App 都有统计功能，查看分类好的数据，就像学生拿到了一张老师批改过的试卷——哪里做对了，哪里做错了，一清二楚。

我把所有支出分为三类：

第一类：必要的日常消费。

第二类：必要的"自我提升型"消费。

第三类：其他消费。

必要的日常消费，主要是基本的衣、食、住、行有关的支出。吃饭、房租、交通费……这些消费支出，维持我们的日常生活，节省空间不大。

请注意关键词"基本"。比如，换季时你买衣服是基本消费，但每次逛街必买衣服，就不是了。如果你在地铁发达的大城市，公共交通出行是基本消费，但每次出行都打车，就不是了。

对家境普通的年轻人来说，刚来大城市打拼时，只要不影响健康，过得稍微艰苦一些，没有什么不好。这会让你对社会有更深的认知，并且激励你更加努力。

大二时，我从上海到北京实习，每个月实习工资只有 2000 元。一张 600 元的动车票对我来说太奢侈。因此，我决定坐绿皮火车，坐了近 33 个小时，才到达北京。

如今，这趟慢车已经停运。现在回想起来，我觉得坐 30 多个小时硬座很辛苦，但在当时，我却没有什么感觉。在绿皮火车上，我见识了各种各样的人，与他们多聊聊也算是一种社会实践。

初到北京，还不确定要待多久，我就在中国传媒大学附近，找了一个小隔间的房子住下。屋内除一张单人床、一张桌子以外，几乎就没有空间了，我连打个转都怕碰到墙壁。

每天早上，我先坐地铁八通线，到四惠东地铁站转乘 1 号线。在 1 号线转乘时，人山人海，每个门口都站着一位志愿者。只要车门一开，排队的几十号人就往里冲，往往有一两个人，半边身子进了车厢，半边身子还在车门外面。

这时候，一位志愿者就会帮忙用力地推这名乘客，好让他能挤进去。

好不容易挤进地铁，刚松一口气，就会发现另外一个尴尬事实：在整个车厢内，只有脚落的空间，四周全占满了人，如果附近的人刚好吃过韭菜包子或者喝过豆汁，那一次地铁之旅，就会特别"难忘"。

有一次，我来不及吃早餐就要上地铁，于是把豆浆放在背包里。等我经过了上地铁、下地铁的过程，再打开背包时，发现豆浆包装袋被挤爆了。这倒是小事，倒霉的是豆浆竟然流进了背包中的笔记本电脑。换一台笔记本电脑需要好几千元，但工作又必须使用，换完笔记本电脑，日子变得更紧张了。

回过头来，我特别感谢那一段经历。因为它彻底改变了我对财富的态度。

在中国的教育体制中，我们崇尚"清贫"，很少有财商教育。在网络舆论中，有不少"仇富"的言论，仿佛富人天生就有原罪一样。

我在小城镇长大，周围人的家境差距不大，从小对贫富差距理解不深。我来大城市生活以后，才真正体会到"穷"的滋味。

"成为有钱人是一件可耻的事"，这个观念在我的大脑里盘旋过许久，直到来大城市后，才开始松动。我终于明白，人生的真相恰恰是这句话的反面——成为有钱人不是一件可耻的事，通过正当的手段创造财富，不仅对自己有益，更对整个世界有利。

我们终将变富

成为有钱人不是一件可耻的事。

通过正当手段创造财富，

不仅对自己有益，

更对整个世界有利。

扫描二维码，关注公众号
输入"有钱"，获得锦囊

财富是我们赖以生存和发展的基础条件。每个有进取心的人，都应该尽己所能，摆脱贫穷，走向富裕。

不过，贫穷和穷人是两码事。一些人因为家庭变故或者意外事故，暂时背上"穷人"的身份，这并不可耻。有人生来是贵胄，自然有人出身贫寒。

处于贫穷境地的人，最好的生存策略是认清现状，抓住机会，做出改变。如果因为贫穷而对社会充满怨气，整天将时间耗费在诅咒富人身上，最大的可能就是一直悲惨下去。

对富二代来说，家庭条件好，一出生就有很多资源。对家境普通的年轻人来说，勤奋节俭，靠自己攒下本金是一条必须走过的道路，越早开始越好。

前面主要讨论了支出中的第一类：必要的日常消费。接下来，我们看支出中的第二类：必要的"自我提升型"消费。

有些人在养成节俭习惯的过程中，慢慢地，对任何费用都想节省。这是很不好的习惯，钱是一种工具，如果我们能够正确地使用它，就帮自己打开人生的更多可能。

有一些"自我提升型"消费是极其必要的，不论在什么时候，我们都应该适当地投入。我们应该放眼长远，在某种程度上，它们不是消费，而是"投资"。

大多数人在靠基金等资产挣钱之前，主要依赖自己的"人力资本"挣钱。人力资本包括哪些呢？

第一，你的知识、技能与经验。

第二，你所拥有的，相互帮助的人际网络。

第三，你的审美与眼界。

比如，你根据自己的需求，买书、买课程去学习，就是在提升能力。

通过适当付出，与他人建立更牢靠的关系，认识更多新朋友，这会让我们的人际网络越来越大。

听音乐会、看画展，这些事情听上去有些无用，但它们会在潜移默化间改变我们的审美与格局，而这些在人生的发展中也至关重要。

20 世纪最伟大的经济学家之一费雪，曾经说过一句话：凡是能够产生收入的，都是资产。

从这个角度来看，我们自己就是特别重要的资产。

"自我提升型"消费，都是投资。"人力资本"不断增值，从长期来看，一定会带来回报。我们在第 1 章中提到前泽友作的故事，就是典型案例。

在做"自我提升型"消费时，也要注意"必要"原则，量力而行。以买书为例，很多人把书买来以后，放在角落，几年过去，甚至包装都没拆。"买书如山倒，读书如抽丝"，这不是一个好习惯。

当我们梳理账单，厘清必要的日常消费和"自我提升型"消费以后，就会发现，剩下的消费都可以归纳为"其他消费"。这些消费，能省则省，当断则断。

比如，许多人爱喝咖啡、奶茶。这两种饮料，既不健康，也不便宜。

所有含糖的饮料，都应该少碰。高糖不但可能引发糖尿病、脂肪肝和肥胖症，还会伤害大脑。美国加州大学洛杉矶分校的科学家进行了一项大鼠实验，研究揭示，长期高糖饮食会让大脑变得迟钝，出现学习记忆障碍。

从财务角度来看，买饮料的钱，长期加在一起，积少成多，就是一笔大钱。

比如，一个在大城市生活的女生，平时工作很辛苦，每天加班到深夜才回家，所以养成了工作时喝咖啡、下班后喝奶茶放松的习惯。

一杯饮料 30 元左右，对月薪过万的上班族来说，看上去这是典型的"小钱"。

假设她平均三天喝一次饮料，平均一个月饮料费近 300 元。这笔钱看上去仍然不多。

但是，如果她改掉了喝饮料的习惯，每个月把这笔钱用来定投大盘指数基金（比如中证 500），30 年后，她退休了，这些买饮料的钱能换来多少钱呢？

根据中证 500 指数基金的长期表现，按照平化收益率为 10% 来计算的话，答案是 67 万元。

对大多数人来说，67 万元都不是一笔小钱，67 万元，甚至比你退休时养老金个人账户的金额还多。

人生就是学会取舍。你是愿意享受当下那一口饮品的清凉，还是坐拥 30 年后的 67 万元？

像买饮料这样的消费案例还有很多。对收入不错的年轻人来说，每个月从收入中省下一两千元并不是一件难事。只要养成这个习惯，30 年后，你的银行卡上就会比别人多上一两百万元。

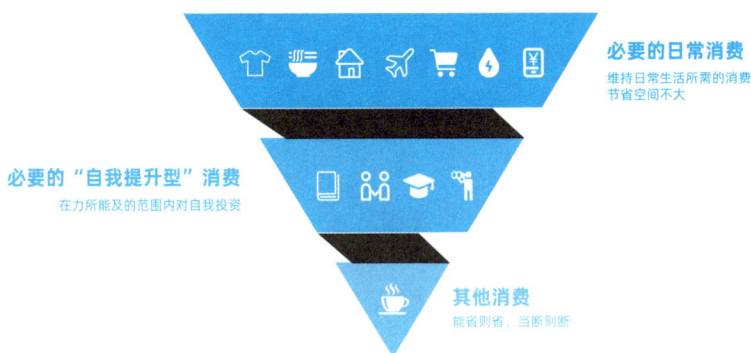

必要的日常消费
维持日常生活所需的消费
节省空间不大

必要的"自我提升型"消费
在力所能及的范围内对自我投资

其他消费
能省则省，当断则断

　　理财就像给自己造一座"蓄水池"，挣钱固然重要，但守住"流出口"也很关键。别轻信品牌商的宣传，他们鼓吹潇洒做自己，告诉你消费令人快乐，其实不过是想把钱从你的口袋，放进他们的"腰包"。

　　随着潮流文化的普及，人们越来越喜欢泡吧、蹦迪。如果你"家里有矿"，财务无忧，这无可厚非。但对普通年轻人来说，这样的场合，既不会产生实质性的有益社交，又很浪费钱。

　　必要的钱，该花就花；能节省的钱，必须节省。只有培养"延迟满足"的习惯，我们才可能打下"财务自由"的基础。

　　当你重新检查了日常消费，做了更合理的规划以后，就可以做一件重要的事——从现在起，将每个月收入的20%~40%存下来。

　　积累本金最重要的一步，就是储蓄。如果我们对财务自由有期待，就需要把储蓄这件事高度重视起来。

　　大多数人的习惯是先消费再储蓄。我们每月拿到工资以后，先用来购物，到月底时，再盘点盘点。这时，你常常会一拍大腿：怎么钱就都花光了，说好要存钱的呢？

为了避免"花钱一时爽"的情况反复出现，你可以做个聪明的调整：为自己建一个理财账户，在刚发工资的时候，就把20%的工资打到这个账户上。

这个账户，最好是另外一张银行卡，和平时常用的消费银行卡区分开来。一方面，你可以避免不小心把储蓄的钱花掉；另一方面，随着时间的推移，你会发现理财账户的钱不断增加，就像进度条一样，它会给你带来更多的成就感。

如果到年底，你收到一笔年终奖。这时候，除用年终奖做一些大额的必要消费，如换手机、孝敬父母以外，你还可以把年终奖的50%存进理财账户。

在日常生活中，我发现还有一个方法很管用，那就是"消费延迟清单"。它能帮助你减少冲动型消费。

比如，你今天想买一双某个品牌新出的联名款鞋子，想象着自己穿上它以后的样子，恨不得立刻拥有它。这个时候，你控制自己的冲动，把它列到你的"消费延迟清单"中。

等一个星期以后，你再来看"消费延迟清单"。这时候，比较一下，你是想积累财务自由的本金，还是想要穿新鞋。如果你此刻依然很想买鞋，那就买它。

不过，当你冷静了一个星期，并且清晰地比较短期快乐与长期目标之后，很有可能做出另一种选择——把这笔钱存下来。

只要摸清了自己的消费习惯，并且秉持"储蓄优先"的原则，不需要太长时间，我们就会获得理财的第一份本金。

这个时候，我们可以停下来了吗？

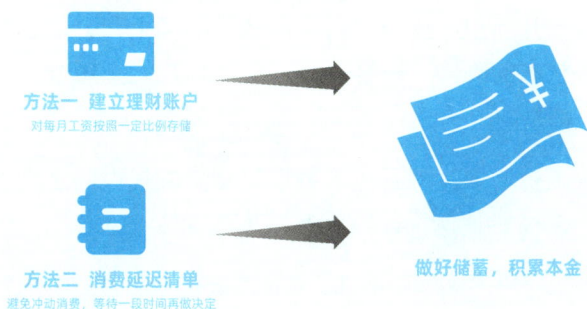

方法一　建立理财账户
对每月工资按照一定比例存储

方法二　消费延迟清单
避免冲动消费，等待一段时间再做决定

做好储蓄，积累本金

2.2.3　拓宽收入渠道，让自己更"值钱"

理财是—个长期过程，仅仅靠 5 万元的本金，只是走完了理财的第一步。接下来，我们需要考虑另外一件事：如何不断扩大本金的规模？

理财的收益等于本金乘以收益率。即使收益率再高，也需要本金作为基础，否则意义不大。

你可能会想：为了多积累本金，我是不是应该多去找几份兼职工作呢？

如果你还在上大学，就可以多尝试兼职工作，有利于你了解社会。如果你已经参加工作，那么这条路不适合你。

对步入职场不久的年轻人来说，把工作做好，成为"专家"，是最"赚钱"的事。

假设你23岁毕业，受聘于一家不错的企业，认真地培养自己的专业能力，提升沟通、表达等通用能力，就能不断增加自己为企业创造的价值，你会迎来升职加薪、发年终奖的机会。

在最初几年里，这条"财富曲线"陡峭上升，你会明显地感受到财务状态的改善。一般来说，在参加工作前 10 年，这条"财富曲线"都是向上的。

随着工资增加，每月能放到理财账户的钱也随之增加，甚至你可以把 20% 的比例提升到 30%，乃至 40%。

看着账户里的钱不断增加，你会越来越有动力。那不仅是财富，更意味着实现人生自由的全新可能。

随着工作年限变长，你对工作越来越熟练，工作收入增长就不会那么快了。这个时候，你可以考虑在本职工作之外，扩大本金规模：探索第二职业，寻找第二收入。

说到第二收入，你可能会想：该做点什么呢？是不是做兼职，如家教或者利用自己的工作技能接点"私活"？

这些都不是好选择。在寻找第二收入时，有两条标准：

第一条标准：不影响你的日常工作。

具体来说，不要让它太占时间，从而影响到你在本职工作上的投入。另外，也注意不要用到你在本职工作中取得的成果。因为这对你所在的企业来说不公平。

比如，你在一家互联网企业做技术工作，如果有另外一家互联网企业来找你做技术顾问，这时需要注意——如果是解决通用型的问题，可能比较合适；如果某些核心内容和自己本职工作有关联，那一定要谨慎。一般来说，企业对这方面都有相关的规定，你在无法确定的时候，可以找 HR 咨询。

第二条标准：做具备规模效应的事。

规模效应是指随着规模的扩大，边际成本在减小，但收益却依然在扩大。

比如，你写一篇公众号文章需要 2 个小时，发出去的第一天内，如果有 200 个人看到，1 个人打赏了 10 元，相当于你为影响一个读者付出了 0.6 分钟时间。

但随着时间的延长，看这篇文章的人越来越多，在一个月内，最终有 1000 个人阅读过，5 个人共打赏了 40 元。

你没有再付出更多的成本，边际成本为零，但收益增加了——你影响了更多人，也得到了更多的打赏。

简单来说，多做具备规模效应的事，能够让我们摆脱"按时间出售劳动力"的模式，让财富获得更快加速度的增长。

用这个标准衡量，很多事情不是好选择。比如，兼职发传单、做家教，它只会占用你大量的时间，不会带来额外收益。

有一条路，对许多人来说，都具备实践意义，那就是打造细分领域的个人品牌。

在工作中，你积累了专业能力，如运营能力、销售能力；或者你是一名医生、律师，这些能力与经验，很多人都有了解的需求，甚至也需要相关的服务。

你可以通过输出内容的方式，打造自己在某个细分领域的专业性，赢得更多人的信任，成为小范围内的"网红"。

最开始时，你可以在朋友圈多发表自己的观点。接下来，你可以尝试在公众号、知乎等平台写更长的文章内容。另外，你还可以到"在行"这样的平台上注册成为行家。

按照"硅谷先知"凯文·凯利的观点，每个人都有潜力成为一个创造者，获得 1000 个真实粉丝，这些粉丝会为你付费。

你不需要成为坐拥百万粉丝的大咖，那条路很花时间，和运气也有关。

就像凯文·凯利说：

> 有 1000 个真实粉丝比起超过 100 万粉丝更为现实。数以百万计的付费粉丝并不是一个真实的目标，特别是当你开始时。但是 1000 名真实粉丝是可行的。你甚至可以记住 1000 个名字。如果你每天增加一个新的真正粉丝，那么只需要几年时间就可以获得 1000 个真实粉丝。

有 1000 个真实粉丝，你就有各种方式获得"第二收入"。你可以开设付费的网络课程，现在工具已经非常发达，只要你的课程，对目标受众有价值，人们很愿意为此付费。

另外，你还可以在各种平台上提供咨询服务，请注意咨询服务和线下劳动并不相同。线下劳动没有规模效应，但咨询服务不是。一旦咨询完毕，咨询者就会做公开评价，增加他人对你的信任度，他还可能给你介绍"新粉丝"，增强你的个人品牌效应。

做个人品牌，你需要愿意公开表达。如果你特别不喜欢做这类事情，也可以多尝试其他"第二职业"。

我有一个朋友，原来在美团工作，对"共享经济"这类模式比较了解。他慢慢地发现在房地产领域也有"共享经济"。在我国也诞生了类似美国 Airbnb 的平台，你可以通过平台发布出租信息将闲置的房屋租出去。

业余时间，他开始琢磨这件事，于是租了几套房，然后通过平台发布出租信息按日租的方式租出去。生意一旦上手，就越做越顺，他不断扩大租房规模。这时候，虽然房子数量在增加，但他所需要花费的时间并不会成比例增加。

兼职工作做了一年，他发现，从中挣的钱远远超过本职工作，而且这个行业发展很快，他就辞职出来专职做这件事。毕业不到 5 年，他在深圳买了房。

在工作之余，多留心生活中的机会，多尝试，寻找具有规模效应的"第二收入"，这会让我们的本金规模越来越大。

有些人可能想：我要不要把投资作为自己的"第二职业"呢？如果做得好，是不是就可以变成主业？

这两种想法，我都不赞成。

首先，当你可投资资金低于 500 万元时，做专业投资没什么意义。因为资金量不大，投资收益养不活自己和家人。

如果奔着超高收益率，如 20%，就很容易陷入"赌徒"心态。这是非常危险的做法，很可能让你本金都亏没了。

其实，当你掌握了投资的经典知识框架后，你就会发现，投资是一项非常省时间的行为。

只要理性，葆有耐心，让长期投资收益率超过 10% 是一件大概率的事。这样的投资收益率，已经超过 90% 以上的投资者了。

平时，你不需要每天看"K 线图"，也不需要花大量时间浏览财经新闻。那样不仅浪费时间，而且容易扰乱心智。

在办公室里，有时候，我会发现同事用电脑看"K 线图"。这种行为，不但耽误日常工作，而且对长期投资来说，非常不利。

你只要花几个小时读完本书，花一两个小时总结方法，就能建立自己的投资系统。以后，每个月你只用一个小时，就能不断地让投资系统滚动起来。

这样做花不了太多的时间，你也不需要把它当作"第二职业"。

2.3 保护征信，就是守护核心资产

学会了理财知识，开始积累本金，我们还需要再做一项准备——保护自己的征信。征信是什么？有什么用？你可能一脸茫然。实际上，征信非常重要。

2.3.1 征信，是你的经济身份证

我有一个朋友，在北京工作好几年，省吃俭用，再加上找父母帮忙凑了一百多万元，终于可以买房了。

前期一切很顺利，选好了房子，满心欢喜。但在接下来的贷款环节，遇到了麻烦——因为征信报告有问题，银行拒绝提供商业贷款。

征信报告是什么？你可以理解为，央行为每个人建了一份"经济身份证"，把银行等金融机构的数据打通，只要你有违约、有逾期还款，就会在征信报告中记一笔。

经济身份证

　　他很惊讶：自己一直是遵纪守法的好公民，就连信用卡也不怎么用，征信报告怎么可能有问题呢？于是，他去银行把征信报告打印出来，才发现有 3 个月信用卡未按时还款的记录。

　　想了半天，他才想起来，刚毕业那年，有一次坐公交车，他把钱包和手机都放在包里，结果被人偷了。

　　钱包里的信用卡和其他卡都丢了，手机也丢了。但他没有补办原来的手机号码，而是重新换了手机，也换了手机号码。

　　恰恰在那一个月，他用信用卡支付了一笔几百元的费用，却忘记了这件事。等到下个月还款日，他也没去查询。逾期还款以后，一般银行会发短信通知，但因为他更换手机号码，所以无法收到短信通知。

　　那时，还信用卡的各种方式不像现在这么方便，也没有绑定信用卡的微信公众号。等到他发现这笔未支付的费用时，3 个月过去了。他当时想：不过就是几百块钱嘛，只要还完了，就不是什么大事。

　　但银行不这么认为。因为逾期还款超过 3 个月，他的征信报告上有了比较大的 "黑点"，所以他买房申请商业贷款时，跑了很多家银行，都被拒绝了。

总价 350 万元的房子，他原来的计划是通过"公积金 + 商业贷款"方式，可以贷下来 200 万元，自己只需准备 150 万元首付就够了。

结果，他现在只能通过公积金贷款 120 万元，商业贷款完全用不上。这样的话，要付 230 万元首付。没办法，只能再四处找朋友借钱凑够首付。

这个案例属于小概率事件。但这样的情况一旦发生，就会造成比较严重的后果。

信用非常重要，在关键时刻，信用等同于"金钱"。它决定了你能从银行申请多少贷款，调动多大的金融资源。

前些年，征信制度在中国还不太完善。一些地区的商人致富以后，都喜欢买大房子，特别喜欢买豪车。除享受以外，商人这么做还有一个原因：通过豪车展示自己的经济实力，从而让商业伙伴快速对自己建立信任。

征信制度是现代金融非常重要的一个产物。它起源于西方国家，工业革命以后，金融业日渐发达。1841 年，征信制度在美国诞生。

征信制度解决了一个核心问题：金融机构在面对一个陌生人的借钱需求时，该不该答应？该借多少？

在商业领域，美国有三大评级机构，分别是标准普尔公司、穆迪投资服务公司、惠誉国际信用评级有限公司。他们对其他商业公司和机构做评级。

在个人领域，有一家征信机构 FICO 很有名，中文名叫"费埃哲"，它通过各种方式，评判一个人的信用并为其打分。

一般来说，FICO 对个人的评分为 300~850 分。低于 620 分，若去银行贷款买房、买车，银行会要求你提供担保，甚至直接拒绝你的申请。

更夸张的是，很多公司在招聘时，也会调取 FICO 对应聘者的评分。尽管你学富五车、技术过硬，但评分不够，"对不起，我们不能录取你"。

相比美国，中国的金融行业起步较晚。2008 年 5 月，中国人民银行征信中心正式在上海挂牌成立。

因为起步较晚，征信在中国是一个"新生儿"。很多人都不清楚"信用评级"，也不知道它的作用。

这些年，网络小额贷款公司不断兴起。一些人从网上借钱消费，因为借得太多还不上，他们就不还了。后来，他们发现，不还钱的话，小额贷款公司也没什么招数，就变本加厉贷款。

实际上，小额贷款公司的数据早已与央行打通。如果用户欠款多，有能力还款但不还，会被法院认定为"失信被执行人"，很多消费行为都会受到限制。

很多人第一次知道"失信被执行人"这个词，是通过看财经新闻。比如，乐视的贾跃亭，当年用"梦想"造车，如今远走美国，在"全国人民法院失信被执行人名单"上待了很久。

ofo 小黄车曾经扩张凶猛，但后来经营不善，欠下大量无法偿还的债务。创始人戴威也被列为"失信被执行人"。

未来，随着中国金融行业的发展，征信制度将会越来越完善。

2019 年 5 月起，央行采用新征信系统，记录对接的数据更多，对失信行为的记录留存时间更长。

在过往信息基础上，电信业务、自来水业务缴费情况、欠税、民事裁决、强制执行、行政处罚、低保救助、执业资格和行政奖励等与日常生活息息相关的信息都将被计入其中。

也就是说，你们家自来水费用如果没有及时交，以后就可能成为征信记录上的"黑点"。

2.3.2 怎样做一个征信报告良好的人

到这里，你也许很好奇：怎样才能看到自己的征信报告？

征信报告有两种查询方式。第一种，在线查询。搜索"中国人民银行征信中心"进入官方网站，用户注册以后，便可以查到自己的信用记录。第二种，银行网点线下查询。很多银行网点都有征信查询机器。以招商银行为例，你可以搜索一下，自己所在位置附近哪个支行可以查报告，带上个人身份证和银行卡，在网点查到征信报告并且打印出来。

在拿到征信报告后，你可以仔细地了解自己过往的信用情况。更关键的是，从今以后，你应该更加认真仔细地"守护"自己的征信。

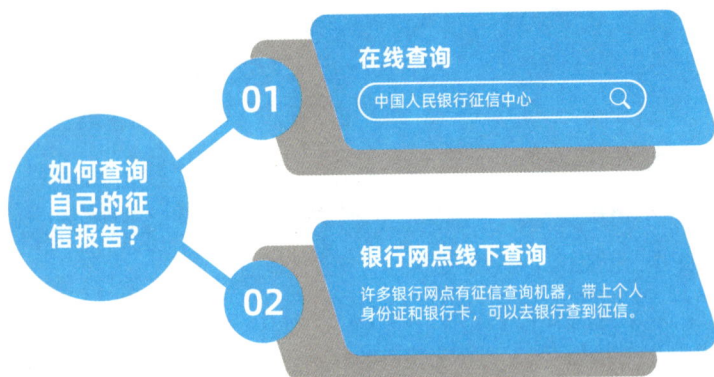

如何查询自己的征信报告？

01 在线查询
中国人民银行征信中心 🔍

02 银行网点线下查询
许多银行网点有征信查询机器，带上个人身份证和银行卡，可以去银行查到征信。

我梳理了容易产生征信问题的五大类情况。在日常生活中，这些地方要多多注意。

1. 信用卡失信：逾期还款、套现和睡眠扣费

信用卡的使用非常普遍。它是一个很方便的支付工具，但如果你没用好，就会产生不利影响。

首先是逾期还款，将直接影响你的征信。对很多不细心的人来说，要多给自己做好提醒，如在日历行程表中放上"每月还款"这个事项。

其次是套现。过去，有一些人借助信用卡套出现金，通过多张信用卡来回"接龙"。随着新征信系统的使用，个人负债情况在征信报告上有清晰的展示。如果负债比例过高，就可能会影响你的信用。

最后是睡眠扣费。有些人看到信用卡广告，临时起意，就办了一张卡，下卡以后，又不想用了，以为不启用就不会收费。但是，有些信用卡有年费，只要下卡，就开始收年费。即使你没用，也会收。如果你没有定期还这笔钱，征信报告就会出问题。

2. 贷款还款不及时：助学贷款、房贷、网贷等

天下没有免费的午餐，也没有可以借了不还的钱。各种贷款，如果累计 2~3 个月逾期还款或不还款，就会影响征信，更会影响你以后的申请贷款资格。

如果你借了一大笔钱，就需要细致地列出每个月的还款计划，在相应的时间点提醒自己还款，不然征信报告很容易出现"黑点"。

3. 水费、电费、燃气费、花费未按期交款

日常的各种生活费用，大家记得随时缴纳，别让一点点马虎影响了自己的大事。

需要注意的是，有些人的手机号码有月租费，与信用卡绑定

扣费。如果手机号码停用以后没有办理注销等手续，那可能会因为月租费而产生逾期还款记录。

4. 被他人冒用身份产生违约记录

搞丢重要证件，尤其是身份证，在生活中很常见。身份证丢了之后，我们第一时间想到的是补办身份证而不是挂失。结果，有人捡到你的身份证并冒用办理各种信用卡，或者在网贷平台上贷款不还，你会因此被牵连进去。

这样的新闻时有耳闻。据某媒体的报道，小刘在老家的菜市场买菜时，被人偷走了钱包。钱包中有其身份证。半年后，她不断接到各类催款信息，其中不少来自网贷平台，甚至有人找到小刘的学校让她还款，还有人电话威胁说要让她毕不了业。她先后报警 6 次，经过警方调查才发现，原来有人冒用她的身份证开办了多张信用卡，并进行了网贷。

最好的办法是保护好自己的重要证件，如果万一弄丢了，记得第一时间到派出所报失。另外，当我们在办理一些业务时，如果需要使用身份证复印件，请注明"此复印件用途是 ××××，限定日期为 ××××"等备注，这样能更好地保护自己的利益不受损失。

5. 担保失败

在为第三方提供担保时，一定要谨慎，量力而行。如果被担保人没有履约，未能准时还清债务，你的征信报告上也会出现问题。

随着中国经济与社会的发展，征信越来越重要。它将决定你能调动多少金融资源，甚至会影响到生活的方方面面。

2019 年，央行副行长陈雨露在全国人大记者会上说，现在很多社会领域都逐渐要使用到征信，比如男女双方相亲，可能未来的丈母娘会要求男方把征信报告打出来看看。

这话听起来夸张，但其实很有道理。一份征信报告比媒婆的介绍更详细、更权威。

相亲对象的资产负债情况、守信情况，即使他当面告诉你，也不一定靠谱。但征信报告上的房贷、违约记录，把他的家底展现得清清楚楚。

只有保护好征信，未来我们做一系列投资时，才会畅通无阻。

第 3 章

保险，为家庭建一个安稳的『避风港』

如果我办得到，我一定要把"保险"这个词写在家家户户的门上，以及每一位公务员的手册上。因为我深信，通过保险，每个家庭只要付出微不足道的代价，就可能免遭万劫不复的灾难。

——丘吉尔

3.1　为什么每个人都应该买保险

当你做好了理财的基本准备时，心情很激动，准备到投资市场里大干一场，此时此刻，我会建议你冷静下来，有一件事更重要，那就是保险。

我们的一生，就像在大海中航行，难免遇到各种风浪。有些风浪小，让我们感觉凉爽；有些风浪很急，差点把船掀翻。

买好保险，就像我们穿上救生衣，万一有意外发生，能多一层保护屏障。

有一篇公众号文章，让人很感慨。作者在四五线城市长大，小时候，父母生重病，成长环境不顺利。后来，她考上复旦大学，在金融行业找到一份好工作。如今家人终于过上好日子，她却意外发现自己得了癌症。

尽管她一直积极乐观面对疾病，但描述到化疗过程时，让人感到揪心的疼痛。

人平时很强大，但一旦遇到重大风险，就可能变得很脆弱。在生活中有各种各样的风险，特别是以下三类，我们应该早做准备：

第一类，重大疾病：如癌症、心血管疾病等，不但医疗费用高，而且在生病期间，大部分人会失去收入。

第二类，意外事故：如车祸等，从治疗到康复、陪护，有可能需要一大笔钱。

第三类，提前死亡：低于平均寿命死亡，特别是承担家庭主要经济来源的人壮年猝死，这会让家庭陷入失去经济来源的窘境。

重大疾病　　　　意外事故　　　　提前死亡

以上三类情况都不是必然发生的情况，特别是后面两类都是小概率事件，可一旦发生，就会对家庭造成巨大冲击。如果我们不用保险做好保障，就会难以承受它们带来的后果。

3.2　关于保险，最重要的三条基础知识

当你准备买保险时，有三条基础知识，需要提前了解。

3.2.1　别拿保险当理财工具

有两种保险，你会经常听保险中介提道：

第一种，消费型保险。如果被保险人发生意外，保险公司就会做赔付；如果被保险人在保险期间一切平安，这笔钱就相当于纯消费，不会返还。

第二种，储蓄分红型保险。这种保险自带理财功能：出现意外保险公司会做赔付；到一定年限后，保险公司还会慢慢返回投

资收益给投保人。简单来说，投保人交给保险公司的钱，一部分用来做保险，一部分用来做投资。

你会选择哪一种呢？

很多人向我咨询时，听到这个问题，直觉都是选第二种。人性使然，第二种保险很打动人，感觉像是规避了保费损失，还能带来其他回报。

我建议的做法是选择第一种保险。无论买寿险、重疾险还是其他保险，我都建议你买消费型保险。

消费型保险　　　　　储蓄分红型保险

如果你去线下网点买保险，保险销售经常推荐你买储蓄分红型保险。同样权益的保险，储蓄分红型的保费一般比消费型产品贵不少。保险销售从保费中拿提成，其收入和保单金额挂钩，因此他们更愿意推荐储蓄分红型保险。

你可能会想：让他们提成好了，反正保险公司帮我做投资了，不也挺好的吗？

专业的人做专业的事，保险公司不叫"投资公司"是有道理的。

大多数储蓄分红型保险的长期收益率和货币基金的差不多，一般不超过 4%，更比不上指数基金的。

需要注意的是，你在和保险销售沟通时，对方会说："我们这款保险产品收益率很高的，可以达到 6%……"其实，他说的高收益率是非保障收益率。也就是说，那只是一个美好的预期，保险公司不承诺一定达到。

如果我们把买储蓄分红保险的钱分为两份，一份用来买消费型保险，达到同样的保障效果，另一份拿去做长期指数基金定投，会是一个性价比更高的理财选择。

此外，储蓄分红型保险还有两个突出的缺点：流动性差、费用高。

一般来说，储蓄分红型保险的资金投入至少要锁定 5 年。不但收益率不高，而且不能随时取出。为什么不把钱放在理财通、余额宝呢？

从费用角度来看，以投连险为例，买入时有 1% 的手续费、每年 2% 的资产管理费、2% 的初始费用等。如果你哪一天想退保，就只能拿回一部分资金。从整体来看，有些投连险的费率，可能达到 10%。但如果买指数基金，整体费用加起来也就 1% 左右。

因此，从投资的收益率、流动性来看，用保险产品做理财，都是性价比很低的选择。

2017 年，中国保监会明确提出，要坚持"保险姓保"，发挥保险承担风险和补偿损失的保障功能。未来，理财型保险将受到更多限制。

3.2.2　认真阅读保险条款，别轻信口头承诺

如今，越来越多的保险产品可以在网上买，如重疾险和医疗险。在投保人购买之前，保险公司常常有一个"健康告知"环节。它会列清楚：如果投保人曾经患过哪些疾病或从事什么高危工作，购买这款保险产品会受到限制。

千万别忽视这个环节，请认真读完每个保险条款，否则保单很可能是无效的保单。

每家保险公司都会在保险条款中写出拒绝接受哪些人投保。

有时，一些保险条款写得并不清楚，很容易被忽视。

比如，在重疾险的保险条款中常常会有：不接受有肿块的人投保。

肿块是一个很宽泛的词，它包括哪些呢？保险公司没有明说。如果你查一下，就会发现甲状腺结节等各种结节都属于肿块。

假如被保险人身体有结节，但在投保时没有认真阅读保险条款，即使买了保险，在理赔时保险公司也会直接拒赔。那些保费白白打了水漂。

这是很多保险纠纷产生的核心原因。一方面，投保人没有认真看保险条款的内容；另一方面，保险公司没有把条款写得足够清楚。

我们能做的，就是认认真真地研究保险条款，别白白浪费了钱。更重要的是，如果投保人以为自己受到保障，结果几年后却发现保单无效，那时候再重新买，将会增加很多费用。

特别是患有结节、胃炎等常见疾病的人，要特别注意这些事项。假设被保险人曾经得过胃炎，有些重疾险无所谓，随便买，有些重疾险就要求被保险人提供半年内的检查结果，进一步审核。

因此，我们需要根据自己的健康情况，对保险公司货比三家。如果某一家保险公司对一类病症特别严格，不用锁死这家，再去看看其他家。

千万别心存侥幸，保险公司和医院打通了诊疗数据。被保险人在医院做的检查数据，一般保险公司都可以查到检查结果。如果明知有问题却隐瞒实情，将来在理赔时会纠纷不断。

在线下买保险时，我们经常会遇到保险代理人。有些人问保险代理人："我患过××××，现在还能投保吗？"

如果遇到有责任心的保险代理人，他会帮投保人理性分析。

但是，有些保险代理人，可能会为了成交保单，模糊地告诉投保人："没什么问题，直接投保就行了。"

我们千万注意，保险代理人的口头承诺没有法律效力。也就是说，保险代理人的口头承诺没有用，如果你相信了不专业的保险代理人，盲目投保，最后发生理赔纠纷，闹上法院，投保人会很吃亏。

保险产品的文字条款是最权威的表达。如果你对某项内容不明白，打保险公司官方电话，或者给保险公司写邮件直接咨询，得到肯定答复以后，才可以投保。

你可能会想，保险产品条款内容那么多，有几十页，刚看完几页就昏昏欲睡了。其实，投保人可以不全部看完，重点要看保险条款里"保险责任"和"除外责任"那两节。

保险责任是指这款保险产品保障哪些情况；除外责任用来说明保险公司不保障哪些情况。

在看保险条款时，还需要注意一个小细节：等待期。重疾险或医疗险，都设置"等待期"，时间一般是几个月，具体时间根据保险产品而定。在这个阶段内，投保人已经交了保费，但如果生病了，保险公司不会赔付。

保险条款内容重点关注项

- 保险责任
- 除外责任
- 等待期

这项规则看上去不近情理，但实际上是把隐瞒告知、带病投保的"不守规矩者"挡在门外，对守规矩的投保人来说，这是利益保护措施。

3.2.3 　保险，越早买越划算

对成年人来说，什么时候最适合买保险呢？当然，在你最不需要保险时，越早买，越划算。

同样一个人，在 25 岁和 35 岁时买重疾险，仅仅因为年龄的不同，保费可能相差一倍。25 岁时每年可能要交 4000 元，35 岁时就可能要交 8000 元。

你可能想不通：我身体一直很健康，凭什么就越来越贵了呢？

保险公司的费用表，不是按照某个人的身体情况来制作的，而是基于人群整体的健康情况来制作的。从概率上来讲，35 岁的人，患重大疾病的概率比 25 岁时高很多。为了保障自己的权益，保险公司就会多收保费。

30 岁是一个很大的门槛。从数据来看，过了这个年纪，各种小毛病很容易出现，保费自然就噌噌地往上涨。

因此，20~30 岁的人，体检报告情况良好，买保险成本最低。赶紧配好保险，就是为自己的未来准备了一份"大礼"。

可惜的是，很多年轻人在大脑里没有这根"弦"，觉得自己身体特棒，吃嘛嘛香，各种疾病离自己太过遥远。

如果某一天，体检完，发现了一些"小问题"，这时候再想起买保险，很可能无法投保，即使保险公司接受投保，保费也很高。

搞清了买保险的三条基础知识，我们进入实操环节。

你可能会想：我到底要配哪些保险呢？要花多少钱？

一般来讲，每个成年人，在经济条件允许的情况下，都应该配置四种保险：重疾险、医疗险、寿险、意外险。

除此之外，如果你有房产，还应该买房屋财产险。

接下来，我们详细分析这五种保险，提供实用的操作指南，帮你避开保险中的种种"大坑"。

3.3 重疾险：生病时，撑起家庭财务支柱

3.3.1 重疾险：生重病时，提供财务保障

近些年，癌症等重大疾病的发病率越来越高。人一旦患病，治病就要花钱，有些重病要治疗多年而不能工作，由此产生的经济损失，常常让许多家庭喘不过气来。

重疾险就是为了解决上述问题而产生的。通常，重疾险涉及的"重大疾病"具有三个特征：一是病情严重，生了重疾，在很长一段时间内影响病人及其家庭的生活；二是治疗费很高，这类疾病常常需要进行复杂的药物或手术治疗；三是不容易治愈，持续较长时间，甚至是永久性的。

重疾险的作用就是在客户确诊重疾达到理赔标准后，保险公司直接赔付一笔钱，用来减轻治疗经济负担、弥补在治疗过程中的财务损失。

一些人容易混淆重疾险和医疗险。其实，这两类保险的侧重点不一样。医疗险主要是赔付医疗过程中的开支（特别是超过医保的部分），而重疾险是为了给参保的患者家庭一笔经济补助。

重疾险一旦确诊达到理赔标准，就能得到赔付。这笔钱，患者想怎么花就怎么花。但医疗险不是这样的，它需要投保人凭治疗发票原件到保险机构进行赔付。

此外，还有一点特别大的差别需要注意：重疾险可以叠加赔付。比如，买了 3 份各 50 万元的保单，如果出现需要赔付的情况，只要满足条件，这 3 份保单就会生效，能获赔 150 万元。

但医疗险与重疾险不同。假如投保人买了两份医疗险，都赔付治病时 1 万元以上的医疗费用，赔付上限分别为 200 万元和 300 万元。

如果投保人生病了，治病花了 50 万元，1 万元以上的部分就只有一份医疗险可以赔偿。因为医疗险是凭治疗发票原件赔付的，而治疗发票只有一份。

需要注意的是，"重疾险"中的"重疾"是有范围的。中国保监会规定，重疾险必须包含 25 种重疾。

在重疾险理赔中，癌症占 60% 的比例，发生频率最高。其次是心肌梗死、脑中风等，这些疾病都属于 25 种重疾之列。另外，还有重大器官移植、冠状动脉搭桥、双耳失聪、双目失明等疾病。

这 25 种重疾覆盖了大多数重疾。有些重疾险会再增加一些覆盖范围，算是"锦上添花"了。

你可能会想：是不是覆盖的范围越大越好呢？这不一定，得看个人情况。

这 25 种重疾在正常情况下，已经保障了大多数未知的健康风险。另外，保障范围越大，费用就越贵，性价比不一定高。

不过，如果投保人的家族有一些比较罕见的遗传疾病，可以有针对性地挑选囊括该病种的重疾险。

在买重疾险时，你还会遇到一个词，叫作"轻症"，很多重疾险会增加"轻症赔付"。与我们的常规理解不一样，轻症并不是指平时我们说的感冒、咳嗽，而是指处于重大疾病前期症状的疾病。如果能够及早发现并且及时治疗，就有可能避免发展到"重大疾病"。

像癌症、脑中风、烧伤等疾病，重疾理赔都是有限制的，如果没有达到相应的认定标准，就无法获得赔付。"轻症赔付"就解决了这个问题。

比如，原位癌是一种早期癌变，虽然它也属于癌变，但属于早期阶段，重疾险不予理赔；脑中风出现后，只有发生永久性功能障碍，重疾险才会理赔。

如果投保人买了增加"轻症赔付"的保险产品，就可以派上用场了。比如，很多先进仪器已经可以检测出来原位癌，它属于"轻症"的范畴，可以获得理赔。

一般来说，增加轻症保障，费用不会增加很多，而且如果投保人选了"轻症豁免"，一旦得轻症，就可以得到赔付，以后的保费也都不用再交了。因此，在买重疾险时，我建议加上"轻症"。现在有些保险产品可以做到轻症多次赔付。在经济条件允许的情况下，投保人尽量选上它们。

现在，有一些重疾险产品，还包括"中症"，也就是把"轻症"里面比较严重的那一类，单独列出来作为"中症"，赔付额度从20%、25%上升到50%。在买重疾险时，投保人也可以考虑选上它。

3.3.2　谁该买重疾险

既然重疾险很重要、作用很大，那么，是不是人人都应该买重疾险呢？家庭成员有没有优先排序？

答案很明确：优先给家里经济责任最大的人买重疾险，优先保障大人。大人是家庭经济的主要来源，一旦失去经济来源，家庭财务状况就会陷入困境。

在给大人买好重疾险之后，可以考虑给孩子买重疾险。这就像飞机的安全提示，一旦发生紧急事故，大人就要先给自己戴好氧气面罩，再帮助身边的小孩。

大人在给孩子买重疾险时，有一点需要注意，那就是买有豁免条款的保险产品。什么是豁免条款呢？它就是指在合同期内，如果投保人发生意外或者因故丧失缴费能力，以后每年保费就不用再交了，保单依然有效。

对儿童保险来说，投保人是家长，被保险人是孩子，如果家长出现意外，只要有"豁免条款"这份保单，未来不需要再缴费，会继续生效。

分析完中青年、儿童之后，人们常常会考虑一个问题：如果家里的老人，身体状况不好，那要不要给他们买重疾险呢？

对老人来说，到一定年龄，生病的概率越来越高，保费也急剧增加。超过 50 岁再买重疾险，一般保费会很高，甚至可能形成"倒挂"的现象。什么是"倒挂"？它就是缴纳的保费总和超过保额。这非常不划算。

一些重疾险对年龄有限制，一般被保险人年龄不超过 55 岁，超限后保险公司就不接受投保了。

如果有需要，可以给老人配一份"防癌险"。它的保障作用和重疾险差不多。唯一的区别是，它只赔付癌症，像心血管疾病这些就不予赔付。癌症是重疾第一大种类，而且防癌险没那么贵，防癌险还是挺划算的。

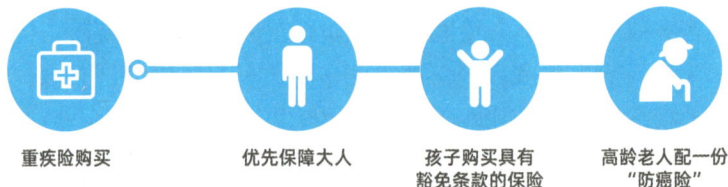

重疾险购买　　　优先保障大人　　　孩子购买具有　　　高龄老人配一份
　　　　　　　　　　　　　　　　　　豁免条款的保险　　　"防癌险"

3.3.3　重疾险购买要点：保障期限、保额、保费

每个保险产品的保障期限特别重要。重疾险的保障期限有三种：一年期、定期重疾、终身重疾。

对一年期重疾险要多加考虑，它的保障年限只有一年，以后每次续保时，根据投保人的年龄变化，保费都会上涨。更重要的是，它并不能保证连续投保。如果投保人的身体状况出现变化，或者出现保险产品停售等情况，可能就无法续保了。

在买重疾险时，建议优先买长期续保产品，如定期重疾险或终身重疾险。开始投保后，每年的保费都是相同的，而且可以保证续保。

定期重疾险一般可以保到 60 岁、70 岁、75 岁、80 岁等，而终身重疾险，顾名思义，就是保终身。听起来，是不是终身重疾险更划算呢？

其实不是，这要看个人情况。所有的理财决策都是在风险和收益中做平衡，做取舍。

保险是为了能够应对小概率风险，特别是在自身经济能力并不好的情况下。80 岁以后，虽然重疾发生的概率高很多，但经济风险比年轻时更小了。因为自己有更多的积蓄，而且也不再是家庭的经济支柱。

终身重疾险，保障时间长，心理的安定感更强烈，但保费贵很多。我对比过多家重疾险，如果在 30 岁左右投保，保终身的费用大概是保 75 岁费用的 2 倍。另外，还有一个知识点供你参考：中国居民人均预期寿命在 77 岁左右。

在具体选择时，我们综合考虑个人的经济状况，以及对风险的承受能力来做决定。如果经济充裕，希望追求更多的保障，就可以买终身重疾险。

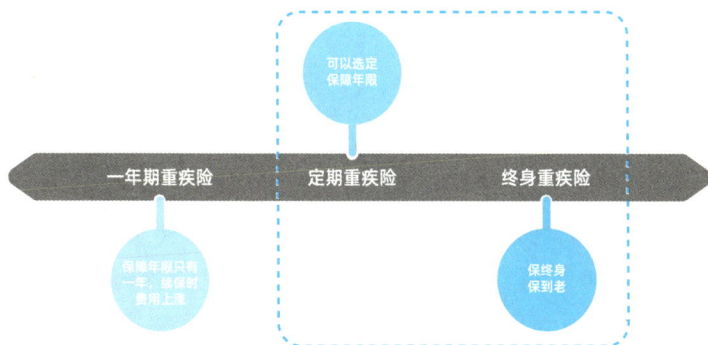

接下来，我们看一个特别关键的问题：要买多少保额的重疾险？

尽管许多人都有保险意识，但买的保险保额太低，其实没有发挥保险的作用。前面提到患病的复旦大学毕业生，她在文章中写道：

> 然后就发生了把我气得半死的事情。我发现，我一直以为自己拥有的我妈在五线城市老家给我买的保险是个分红型寿险，而且保额才 5 万元，交了 8 年保费，每年几千块钱保费，居然保额才 5 万元！！！敲黑板！！！货币是有时间价值的！！抗风险就一定要高杠杆！！！
>
> 这不是最生气的，更生气的是我发现有个保额为 1 万元的重疾赔付险！ 1 万元！现在 1 万元能解决什么问题！！能看什么大病！！！

这样的例子并不少见。10 年前的 5 万元，可能看上去是一笔不小的费用，但现在来看，简直是杯水车薪。

每年保险公司都会发布理赔报告，公开上一年所做的理赔数据。2020 年上半年，大多数保险公司每项重疾险的平均理赔额度不超过 20 万元。这样的额度，对患重疾的客户来说，不太够用。

在投保时，看着保额挺高；在理赔时，就"猛拍大腿"。这背后涉及一个关键问题：通货膨胀。

过去 20 年，每年的通货膨胀率大概在 4% 左右。按照 4% 的通货膨胀率来计算，假设你现在 30 岁，投保了一份 50 万元的重疾险，25 年以后的 50 万元实际购买力价值就相当于现在 18 万元多的实际购买力价值。

从数据来看，从 40 岁开始，重疾的发生概率快速上升，当到 60 岁左右时，重疾的发生概率进入高峰期。

年轻人从 30 岁开始投保，万一发生重疾，需要理赔，一般也是在 20 年以后，到那个时候，本来以为 50 万元保额能够帮上大忙，但实际上，随着通货膨胀因素的影响，这 50 万元已经大幅度"缩水"。

因此，为了让重疾险真的能在关键时刻派上用场，我们需要在一开始投保时就关注保额。

一般来说，重疾险的保额至少相当于个人年收入的 3~5 倍。因为万一患病以后，不但要治病，而且很长一段时间可能没有收入。除此之外，还需要考虑到通货膨胀的因素。

如果你 30 岁左右，我建议配 100 万元保额的重疾险。如果经济条件允许，可以配 150 万元 ~200 万元保额的重疾险。一般来说，每款重疾险的保额上限是 50 万元。重疾险可以叠加投保，所以你可以选择多个保险产品，购置一个保额充足的"保险池"。

对刚毕业的年轻人来说，如果收入不高，可以先买一份 50 万元保额的保险。买保险并不是一次性工作，随着经济条件的改善，根据自己的需求，再增加也是可以的。根据家庭需求的变化，不断更新保险方案，也非常必要。

重疾险的缴费年限分为 10 年缴清、20 年缴清、30 年缴清的不同选择。你可能会疑惑：怎么选最合适？

答案很肯定：选最长的缴费年限——30 年。

在一个经济快速发展的国家，今天的钱比未来的钱更有价值。因此，当下少付一点儿保费，延长缴费年限，对我们来说，是最划算的选择。

这就像在买房时，只要条件允许，我们就尽可能让贷款年限达到最长。

3.3.4 重疾险"多次赔付"：小心谨慎，认真挑选

大多数重疾险是"单次赔付"。只要病情确诊，保险公司赔付一次，合同就会终止，保单也就失效了。

因为生过重疾后想再买重疾险，很多保险公司就会对这类人群"关上大门"。

有人可能担心：假设先后得了两种不同种类的重疾，在第二次确诊时，就没有保障了，应该怎么办呢？

基于这样的需求，保险公司开发了"多次赔付"重疾险。也就是说，在第一次重疾理赔以后，客户不需要继续交保费，保单继续生效，第二次、第三次重疾依然可以得到赔付。

如果买了多次赔付重疾险，就相当于给自己加了"重重保障"，会更安心。

需要注意的是，"多次赔付"重疾险不能盲目买，有很多细节需要看清楚。

首先是重疾分组。为了降低赔付率，保险公司将重疾进行分组。比如，将重疾分为四个组。对同一个组别来说，只要客户发生过其中任何一项"重疾"的理赔，在同组中剩下的重疾，就不再具备获得赔付的机会。

因此，在买这类重疾险时，我们要仔细阅读重疾分组，特别要关注最高发的以下 6 种重疾是否分在不同的组别。

01 恶性肿瘤

02 急性心肌梗死

03 脑中风后遗症

04 冠状动脉搭桥术

05 重大器官移植术

06 终末期肾病

如果这 6 种重疾都在同一组中，只要发生了一种重疾，其他的重疾就无法赔付。实际上，这个保险的实用性就不高了。如果这 6 种重疾均匀分布在各组，这个保险产品就比较划算，而且分组越多越好。

如果恶性肿瘤单独分组，对消费者来说，就最实用了。因为癌症是普通人最容易患上的重疾之一。根据一些保险公司的理赔报告，癌症理赔占重疾理赔的 70% 左右。

除了分组，我们还要关注间隔期和生存期。多次赔付的保险产品，在两次理赔期间，保险公司规定必须有间隔期。每家保险公司的规定不一样：短期的要求 90 天；长期的要求 5 年。

与此同时，有些保险，还要求在第二次、第三次重疾确诊后，有一段生存期，如 14 天、30 天。投保人再次确诊以后，在生存期内如果死亡了，保险公司就不会再理赔。

此外，在两次理赔期间，保险公司还会设置比较严格的康复邀请，需要投保人提供医疗证明，即证明自己上一次的重疾已经治愈。

以上这些要求，相当于给多次赔付设置了"多重门槛"，保险公司这么做，一方面是为了降低赔付概率；另一方面也是为了让保险产品价格不至于特别高。

因此，当你听到"多次赔付"这个词时，千万别以为买了这份保险，不论得多少次重疾，都能无条件得到理赔。在购买之前，认真读一读健康告知条款是对自身利益最好的保护。

3.3.5　购买重疾险前，仔细阅读健康告知条款

关于重疾险，有一点需要反复强调：注意健康告知条款。从历史数据来看，重疾险的理赔纠纷，大多数都是因为被保险人的身体情况引起的。

保险行业有一个词，叫作"标准体"，是指身体状况符合保险公司对"健康"的定义，不需要额外加费。但是，现代人的工作压力越来越大，即使年纪轻轻，身体也可能有各种小毛病，很多人都不是"标准体"了。在投保时，一定要根据保险条款，认真了解，这是避免损失的最好方法。

一般特别严重的疾病，大家都容易辨别，恰恰是一些处于中间地带的疾病，很可能被忽略。我总结了一下，如果身体患有或者曾患有以下疾病，在投保重疾险时，需要仔细留意：

01 乙肝大小三阳

02 甲状腺结节

03 乳腺增生/结节/囊肿

04 高血压

05 胃炎/胃溃疡/十二指肠溃疡

06 脂肪肝

07 结石

08 囊肿

遇到上述情况，一般可以通过以下三种方法来解决。

第一，货比三家。有些疾病，一些保险产品拒保或者要求加费，但其他家保险产品可以直接投保。

在网上买保险，仔细阅读一下这份保险的健康告知条款，只要符合健康告知条款的要求就可以投保。

即使有其他的异常，但健康告知条款没有提及，也没必要进行额外告知，如实告知不等于全部告知。

第二，在线智能核保。许多线上销售的保险产品，如果客户有额外的疾病情况，就可以通过网上回答问题的方式，进一步确定自己是否可以投保。通过这种方式，可以省掉很多时间。

第三，线下核保。如果某款保险产品没有在线核保功能，你就可以准备好自己的健康资料，找保险销售人员核保，或者给保险公司写邮件，或者打保险公司官方电话来完成核保，看看自己是否符合投保条件。

3.3.6 别为大品牌支付"过高溢价"

在买保险时，常常给人眼花缭乱的感觉，非常多的保险公司，投保人不知道该怎么选。特别是互联网保险渠道越来越发达，在网络上也可以直接购买很多重疾险，又增加了选择的难度。

这个时候，很多人采取简单的方法——信大品牌，甚至支付了更多的"品牌溢价"也不在乎。保险销售人员也在推波助澜——买我们公司的保险更放心，那些小公司很容易倒闭的。

实际上，中国大陆保险公司差不多是全世界最安全的保险公司，不但受到严格的监管，而且要接受压力测试。假如一家保险公司真的经营不下去了，中国银保监会将安排其他保险公司"兜底"，消费者的人寿保单，由其他保险公司接管。

除此之外，还有专门的保险保障基金来应对保险公司的破产危机。也许你是第一次听说它，但它已经成立十几年了，保险保障基金规模突破 1100 亿元。这 1100 多亿元资金来自 81 家财险公司和 88 家寿险公司。保险公司每年须向其缴纳一定数额的资金，这些都是《中华人民共和国保险法》的强制规定。

你可以把保险保障基金看作"保险背后的保险"，实现对消费者利益非常好的保护，属于国际领先的做法。以中国香港保险业为例，虽然一直想建立这套制度，但到现在还没建立起来。

因此，中国内地的保险公司，规模大小并没有那么重要。如果你真要筛选保险公司，有一点很关键——服务口碑。

基于**服务口碑**筛选合适的保险公司

保险业是服务型行业，当消费者缴纳保费以后，常常处在弱势一方。保险销售人员服务口碑如何，保险公司的通知是否及时，理赔是否快速，这些因素对消费者来说很重要。

在买保险之前，你可以用保险公司的名字或者用某款保险产品的名字在网上搜一搜，看一看大家的评价。特别是有些历史较长的保险产品，你还可以查出它过往的理赔、拒赔情况。如果你看到很多负面评价，就需要小心了。

除此之外，你还可以对比不同保险公司的投诉情况。每年，中国银保监会都会对各家保险公司的投诉情况进行通报、评分，然后在中国银保监会官网上公布结果。虽然不同的保险公司的业务不太一样，但假如一家保险公司的投诉率连续多年位居前列，这家保险公司就肯定有需要改进的地方。作为消费者，应避开它们为宜。

搞清楚了以上 6 个要点，在买重疾险时，你就有了一双"火眼金睛"。按这种方式筛选保险公司，然后再综合比较保险产品的价格，就会得到满意的结果。

如果你在 30 岁左右，身体健康，买 50 万元保额的重疾险，保到 70 岁，分 30 年缴费，基本每年保费为 4000~5000 元。即使配两份 50 万元保额的重疾险，保费总额用也不超过 1 万元。

3.3.7　中国香港保险

近几年，很多人开始关注中国香港保险，网上也有各种文章。其实，许多文章的发布者是保险销售人员。他们有自己的利益和立场，写得不一定客观。

接下来，我们分析一下中国香港保险的优缺点。

中国香港保险有两个优点：

第一个优点，海外资产配置。中国香港保险按照美元计价，这是与中国内地保险相比的核心竞争力。持有中国香港保单，相当于做了资产的多元化配置。

不过，只有当资产到达一定量级以后，做海外资产配置才有意义。如果资产少，做海外资产配置，即使美元升值了 1%，也没多少收益。此外，如果工作和生活都在中国内地，由于外汇管制的原因，美元出入境，都会受到一定的限制。

因此，我有一个简单的标准：只有年收入超过 100 万元或可投资现金资产超过 500 万元，才需要做海外资产配置。

资产不多，来回折腾，收益太少，根本没必要。

第二个优点，中国香港分红险的收益率比中国内地的高 1%~2%。

中国内地分红险的保证收益率一般不超过 4%，中国香港的分红险稍微高一些。有些富人把保险当作理财渠道，认为中国香港保险比中国内地保险性价比高。

但是，正如我们在前文中强调的：不建议把保险当作理财工具，特别是中产阶级。

收益率再高的分红险，一般也不超过年化收益率 6%，而且手续费高、长期锁定，没有买指数基金划算。

另外，保险公司在宣传销售时，经常会拿"非保证收益"来说事。但是，非保证收益在法律上不受保护。对消费者来说，听一听就算了，千万别往心里去。

因此，从总体来看，中国香港保险其实只对一部分人适用。

另外，中国香港保险的有些缺点是比较明显的：

第一，购买和理赔流程烦琐。

在买保险时，需要本人去中国香港办理很多手续；在理赔时，流程也比较烦琐，涉及美元的出入境，手续比较麻烦，要付出很多的精力。

第二，遇到纠纷时，手续烦琐。

超过 100 万元的中国香港保险纠纷，需要到中国香港"打官司"。中国香港法律体系属于"英美法系"，看过英剧、美剧的人，可能都比较了解。在这种法律体系中，诉讼周期长，即使最终胜诉了，也要花大量的金钱与时间。

仅以律师费为例，在中国香港，初级律师的律师费是 800 港币／小时，资深律师的律师费是 3000 港币／小时。

第三，保障的中国内地医院不全面。

因为保险公司在中国香港，所以认可的中国内地医院数量有限，主要集中在大中城市的三甲医院。如果被保险人在偏远地区的当地医院看病，很可能不受中国香港保险公司的认可。

当然，与中国内地保险相比，中国香港保险覆盖香港及其他地区的医院更多。如果出入境比较方便，那这点倒是优点。

第四，保险告知原则更严格。

很多保险代理人说，中国香港保险公司采取了"严核保，宽理赔"原则，理赔更容易。

这话要分两面看。一方面，中国香港保险秉承"最高诚信"原则，默认相信你说的话。另一方面，在买中国香港保险时，任何可能影响到保险的情况，你都要主动说明。否则，在日后理赔时，如果中国香港保险公司发现你不诚信，就会拒赔。

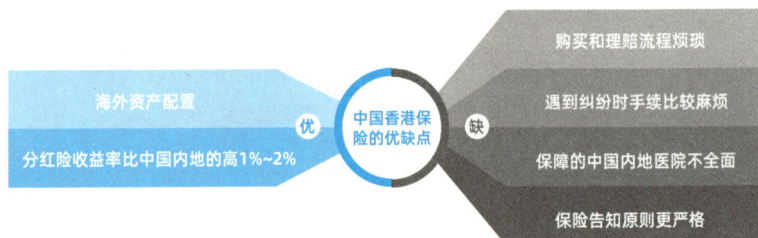

在买中国香港保险时，保险公司会问你一些问题，问题是开放式的，比如"在过去 5 年内，你是否遭遇意外或者疾病，而没有提及？" 在这种询问中，你所知道的任何相关重要事实，都应该告诉保险公司。一些人可能觉得自己以前得过小疾病无所谓，或者漏掉某些诊断情况。

有一个投保人，在 2001 年买了一份中国香港重疾险，2012 年他患肺癌申请理赔。中国香港保险公司在理赔调查时，发现投保人在 1990—1993 年，有过静脉注射的事项，但没有向保险公司告知。保险公司认为这个事项，对承保有重大的影响，最终拒赔并且退还保费 4.2 万港币。

你可能会想：打个"点滴"而已，有那么严重吗？但在中国香港保险公司看来，这种行为属于"不诚信"，没有如实告知，按照保险条款的规定保险公司可以直接拒赔。

中国内地保险实行"如实告知"原则。在中国内地买重疾险、医疗险等保险时，投保人需要填写"健康告知"，回答一连串关于健康的具体问题。保险公司问你什么，你就如实回答什么；但如果没问你，就可以不用告知。

因此，在中国内地买保险，投保人认真阅读保险条款，仔细回答相关的问题，就不需要担心一些意外的事情了。

你在准备买中国香港保险之前，可以再思考一下，自己是否真的适合。假设你资产多，有海外资产配置的需求，可以考虑买中国香港长期保险。

另外，中国内地客户在买中国香港重疾险时，只能买分红险，不能买消费型保险。对普通人来说，在中国内地买重疾险是最划算的。

3.4　医疗险：杠杆率高，对医保形成补充

在介绍完重疾险以后，我们再来了解一下医疗险。医疗险主要承担大病治疗中的医疗费用。

3.4.1　医保不够用，医疗险做补充

你可能想：我都交了医保，看病已经有保障，为什么还要买医疗险呢？

医保是一项国家保障制度，覆盖的人非常广，所以不可能面面俱到。在医疗费用上，有很多开支是医保无法报销的。

特别是一旦患重疾，治疗费用非常昂贵，医保只能报销一部分医疗费用。比如，质子治疗是一项针对癌症普遍开展的治疗技术。但医保无法报销该项治疗费用。

另外，大家在使用医保时，都会接触到药品目录、自费药、报销额度等词语。药品目录是指医疗系统对药品做了分类，不同类型的药品报销要求不一样。有的可全部报销，有的可部分报销，有的就只能自费购买，叫作"自费药"。

即使药品、治疗项目都在报销范围内，医保也不是无限制报销。从整体来看，各个城市每人每年的医保报销额度一般不超过30 万元。

对患重疾的人来说，这个额度根本无法满足长期昂贵的治疗费用需求。前两年，有一篇微信公众号爆款文章《流感下的北京中年》，作者描述了岳父患流感后的艰辛看病历史。他在文中写道：

> 插管后 ICU 的费用直线上升。预计插管能顶 72 小时，如果还不行，就要上人工肺了。人工肺开机费为 6 万元，随后每天 2 万元起。我们估算了一下，家里所有的理财产品（还好没有买 30 天以上期限的产品）、股票卖掉，再加上岳父岳母留下来养老的钱，在理想情况下能撑 30~40 天。那么，40 天以后呢？

遇到这种情况，家里的存款完全不够用，很多人被迫卖房、卖车。

高分纪录片《人间世》记录了在重症病房中许多让人感慨

万千的故事。

江苏有一名 29 岁的记者，最开始有些牙疼，结果牙龈感染，一个星期以后，就发展成败血症。在病房里抢救了一周，大概花了 70 万元。为了救他，父母准备把房子卖掉。

即使是高收入家庭，在面对重疾时，也常常显得脆弱不堪。天津的陈先生是一位年薪超过百万元的基金经理。他平常身体很好，但工作压力很大，作息也不规律，有一段时间，他总觉得脸有些肿，开始时不在意，但很长时间以后也没有好转。结果，他去口腔医院检查，发现是尿毒症。做完肾移植手术后，他开口对妻子说的第一句话是："我们家还有钱吗？"

2018 年 2 月，国家癌症中心发布了最新一期的全国癌症统计报告。报告显示，2014 年全国癌症新发病例为 380.4 万例，死亡病例为 229.6 万例。也就是说，平均每分钟就有 7 人被诊断为癌症，其中 4 人死亡。

另外，有一个事实很残酷，简直让人难以接受——中国癌症患者 5 年生存率比发达国家低不少。

这种现象是由许多原因造成的。比如，有些人体检意识较差，癌症筛查做得少，一旦监测出癌症，往往就到了难以治疗的晚期阶段。除此之外，有些家庭承担不了高昂的癌症治疗和康复费用，也是一个重要原因。

为了在发生重疾时，我们能有钱治病，一定要配备医疗险。对大多数人来说，普通医疗险，保费不高，每年不超过 1000 元，经济负担较轻。

3.4.2　购买医疗险的三大要点

在购买医疗险时，与购买重疾险一样，一定要认真阅读"健康告知条款"，确认自己是否符合条件，它直接关系到保险理赔环节。

除此之外，投保人主要关注以下三个指标。

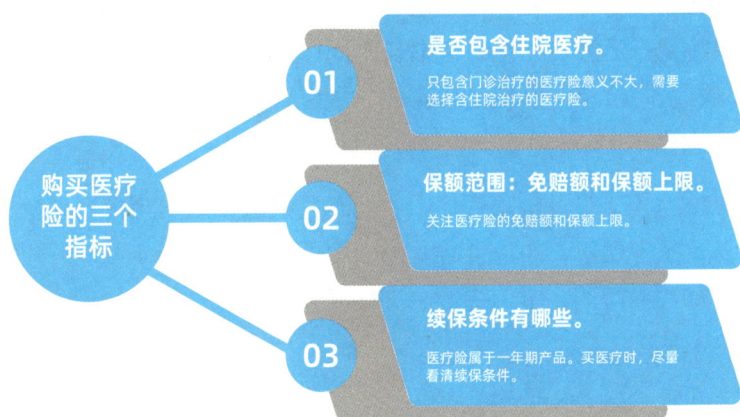

购买医疗险的三个指标

01　是否包含住院医疗。
只包含门诊治疗的医疗险意义不大，需要选择含住院治疗的医疗险。

02　保额范围：免赔额和保额上限。
关注医疗险的免赔额和保额上限。

03　续保条件有哪些。
医疗险属于一年期产品。买医疗时，尽量看清续保条件。

第一，是否包含住院医疗。有一些特别便宜的医疗险，只包含门诊治疗的费用，这类医疗险意义不大。因为保险最重要的职责是防范重大风险，门诊一般治疗的都是小疾病。人一旦患重疾，就需要住院治疗。

第二，保额范围：免赔额和保额上限。

有些医疗险设置免赔额：少于免赔额的医疗费用不赔付。比如，很多医疗险的免配额是 1 万元，如果被保险人看病花费少于 1 万元，就不赔付。如果看病花费 5 万元，就按比例赔付超过 1 万元的部分。请注意，每个保险产品的赔付比例不一样，有的是 70%，有的是 80%。

你可能会觉得，设置免赔额，这是不是"坑人"吗？其实并不是这样的，花费少的疾病不会对财务状况造成很大的影响。

在买医疗险时，还要关注它能够赔付的保额上限。医疗险根据实际医疗费用来赔付，很多重疾特别花钱。一般来说，建议医疗险的赔付上限至少是 200 万元。

保额上限越高，保费也越贵，这是一个性价比的权衡，按照自己的经济实力，选合适的就行。

第三，续保条件有哪些。

与重疾险不一样，医疗险一般都是一年期保险产品。因此，每年到期以后，能不能保证续保就很重要了。毕竟，我们的身体状况在变化，年纪越大，就越需要医疗险。

你可能会想：为什么医疗险一般都是短期保险产品呢？

因为随着经济和科学技术的发展，治疗手段越来越多，药费和医疗费也会不断升高。有人做过测算，医疗费用的通货膨胀率达 10%。

保险公司如果做长期医疗险，确定了一个固定费用，可能开始时能盈利，后面就不断亏损了。一个商业组织，如果不盈利，就难以维持下去，保险公司也是如此。

不过，保险公司也在创新，虽然做长期医疗险很难，但可以有妥协的方法。比如，现在有一些医疗险可以做到"6 年保证续保"，只要这个保险产品没有停售，就可以继续买。需要注意的是，医疗险和重疾险不一样，医疗险每年的保费并非固定不变的，而是不断变化的。

在买医疗险时，投保人尽量看清楚续保条件，这很重要。如果不能续保，很有可能出现"年轻时买了用不上，年老时想用买不了"的尴尬场面。

目前，"百万医疗险"最多只能续保 6 年。你可能会想，有没有一直保证续保的保险产品呢？

确实有，如国家医保和税优健康险。国家医保是一项社会性福利，而税优健康险，一般人很少听过，我们来详细分析一下。

3.4.3　税优健康险，病人也能买

一般来说，常见的"百万医疗险"对身体健康要求很高。那么，病人如果想投保医疗险该怎么办呢？答案就是选择税优健康险。

税优健康险是"医疗险+万能险"的组合。它能提供医疗险保障，同时提供储蓄收益。此外，国家还会根据缴纳保费金额提供一定的税收减免政策。

例如，投保人每年固定缴费为 2400 元。其中，一部分用来支付医疗险的保费，剩余的钱累积在万能账户中。根据投保人的年龄不同，支付医疗险的成本也会变化。21~25 岁的人去买税优健康险，每年的保费部分是 502 元，剩下的 1898 元就会进入一个万能账户，以每年最低 2.5% 的收益率，为投保人存起来。如果是 45 岁的人去买税优健康险，保费就高很多，存下来的部分也少了。

投保人只要年满 16 周岁，不限职业、不限健康状况都可以投保税优健康险。即使是患有癌症、肺炎等各种疾病的人，也可以购买，而且没有等待期。即使投保人今天投保，下周做手术，也可以赔付。

此外，税优健康险一般可以保障到 60 岁，最高可以保障到 75 岁，相当于长期医疗保障。

不过，在购买税优健康险时，仍然需要注意：不同的保险产品，

报销范围不同，如有的可报销全部种类药品；有的设置药品清单，只报销药品清单内的药品。为了得到更大的保障，我建议购买不限清单的保险产品。另外，健康体投保，年度最多可以报销 20 万元，终身最多可以报销 80 万元；带病人群投保，每年最多只能报销 4 万元，终身最多报销 15 万元。

综上所述，税优健康险适合健康状况不好的人购买，对健康体来说，性价比不高。另外，税优健康险购买流程较复杂，不仅投保人需要提供税收证明等材料，而且大多数此类产品都需要到线下购买。

3.4.4　高端医疗险，享受优质的医疗体验

在日常生活中，你可能还会听人聊到高端医疗险。相比普通医疗险，高端医疗险具体是指什么意思呢？

作为医疗险的一个分支，高端医疗险主要面向对医疗条件有更高需求的消费者。

高端医疗险有以下几个大特点：

第一，保额和保费较高。普通医疗保险保额一般是几百万元，保费在几千元范围内。高端医疗保险拉开了档次，保额从几百万元到几千万元，甚至不设限，保费也"水涨船高"，每年动辄就要上万元。

第二，保障医院更多，医疗条件更高端。普通医疗保险覆盖的主要是三甲医院的普通病房。高端医疗险根据类型的不同，不仅覆盖我国三甲医院国际部到私立医院、国际医院，有些还可以覆盖亚太地区，甚至全球的医疗机构。

第三，保障项目更全面。普通医疗保险主要保障门诊和住院

两个部分，但高端医疗保险还包含分娩、牙科、眼科、体检等责任。这些治疗费用，普通医疗险都把它们放在除外责任中。

高端医疗险有不同的保障项目，根据保障项目费用的不同，保障责任也有差别。在购买高端医疗险前，我们需要仔细阅读保险条款。

第四，服务更多样化。从医疗咨询到挂号，再到救援，高端医疗险提供一条龙服务。特别是理赔环节，很多高端医疗险将医院和保险公司直接打通，客户在签约医院看病，在看完病以后签个字，就由保险公司和医院直接结算，不需要客户自己垫钱。这种做法，既方便，又不占用客户的现金流。

以前，我在特斯拉公司工作时，公司为每个员工购买了高端医疗险团险，其覆盖医院包括如和睦家这样的私立医院，很多知名人士都去那里看病。

有一次，我眼睛有些不舒服，去医院看病。医院里的人非常少，没有排长长的队伍，医生给我看眼睛大概花了 3 分钟，然后开了两种眼药水。在结算费用时，4000 元的费用把我吓了一跳。

打开费用清单，诊疗费为 2000 元，药费为 2000 元。幸好，通过公司购买的保险，可以直接赔付，不需要我先垫钱。

从体验来看，高端医疗险很值得购买，关键在于你愿不愿意付几千甚至上万元的保费。如果你经济条件允许，就可以考虑买一份高端医疗险。一般来说，成年人买一份普通医疗险就够用了。

从我身边的情况来看，很多父母会给年龄较小的孩子买一份高端医疗险。在北京、深圳这样的一线城市，儿科挂号资源很紧缺，为了给孩子在医院看病，父母常常要劳心劳力。即使挂上号，一些医院也是吵吵闹闹的环境。

儿童本来体质弱，生病之后，在这样的环境中，更会受到影响。因此，多花一些钱，让孩子享受到优质的医疗资源，成为很多白领家庭的选择。

在家庭成员中容易生病的人，除了小孩，还有老人。前面已经提到老人买重疾险受到非常多的限制，即使能买，保费也很不划算。这时，医疗险就能派上用场，强烈建议给家里的老人都买一份医疗险。

我有一个同事，在微信的"微保"中给爸爸买了一份医疗险。她和她爸爸说了这件事，爸爸却说她浪费钱，保险都是骗人的。

在买医疗险半年后，她爸爸的眼睛突然视网膜脱落，需要做手术治疗，花了 4 万多元治疗费。她在微信上发起了理赔申请，在 3 天内完成了理赔确认，然后 2 万多元理赔额第二天就打到了她的银行卡上。

这时候，她爸爸改变了对保险的看法，觉得她当时的决定特别正确。

因此，你在给父母买保险时，如果他们不乐意，那你直接给他们买就好了。你把它当作一份"礼物"，会让家庭在遇到意外情况时更安心。

有一点需要注意，在给父母买医疗险前，要问清楚他们的身体状况，特别是最近 5 年有没有诊断出什么异常，只有这样才能确定健康告知有没有问题。不同的医疗险，健康告知条款有差别，多比较一下就行。

3.5　定期寿险：家庭保障的"定海神针"

3.5.1　寿险的作用

接下来，我们来了解保险"四大金刚"中重要的一个——寿险。

寿险的作用是在被保险人死亡之后，由保险公司赔付一笔钱。拿到这笔钱的人，叫作"受益人"。与其他保险不同，寿险的"受益人"不是被保险人自己。

在买寿险时，投保人可以填上指定的受益人。从理论上来讲，只要被保险人愿意，就可以指定任何人当受益人。

如果投保人没有填写指定的受益人，万一发生意外，赔付给的是法定受益人。根据我国法律规定，法定第一顺序受益人是配偶、父母、子女。

有人可能会想：在买寿险时没有写指定受益人，那万一离婚以后，该怎么办呢？在这种情况下，投保人可以联系保险公司，申请对保险合同进行修改，更换指定受益人。

从本质上来说，寿险是为家庭配备的保障，应该优先给家庭财务"顶梁柱"购买一份寿险。对老人和孩子来说，寿险的意义不大。

3.5.2　购买寿险的三大要点

在购买寿险时，需要注意三个关键问题：

01 建议买定期寿险

02 要不断更新寿险方案

第一，建议买定期寿险。

定期寿险，是指保障到 60 岁或者 70 岁的寿险，一旦超过这个年纪，即使被保险人身故了，保险公司也不赔付。终身寿险不一样，在任何年龄段身故，保险公司都会赔付。

听起来，终身寿险更好些。实际上，终身寿险的保费会比定期寿险的贵很多。前文强调过，保险最重要的是抵御风险。对大多数普通人来说，活到 70 岁，之后如果身故了，其实已经算不上"风险"。

在某种情况下，买终身寿险是划算的：父母想给子女留一笔财产。比如，有些人会购买累积 1000 万元保额的终身寿险，并且将自己的孩子指定为受益人。这样一旦自己离世后，孩子将得到1000 万元赔付。

很多时候，财产继承手续都比较麻烦。比如，房子要继承，变更姓名要花一些精力。终身寿险，只要是赔付给指定受益人，就不算遗产继承，没有相关税费，也不需要偿还投保人的债务。

第二，要不断更新寿险方案。

随着家庭财务状况的变化，寿险方案需要不断优化。比如，一个工作 2 年的职场员工，没结婚，收入不高。这时候，他可以给自己买一份 100 万元保额的定期寿险，每年保费在 1000 元出头。

一旦他发生意外，理赔金就可以留给父母养老。

3 年过去了，他工作努力，升职加薪，买了一套房，贷款额为 150 万元。这个时候，他就应该再买 100 万元保额的定期寿险。假如他发生意外，他的父母可能没有能力偿还每个月的房贷，而他的寿险赔付，既需要考虑父母的养老，也需要考虑自己的债务情况。

再过 3 年，他结婚了，生了一对双胞胎，在职场中也成了中层管理者，收入高了。这时候，他可以考虑再买 100 万元保额的定期寿险。因为他不仅承担了父母的养老责任，也新增了孩子的抚养与教育责任。

保险的目的是抵御风险，在人生的不同阶段，风险大小不一样，所以保险方案也需要不断优化。

3.6 意外险：性价比高，全方位应对意外事故

人生中难免有各种意外：学走路的孩子有可能摔跤；成年人开车可能遭遇车祸；在旅游过程中的老年人可能扭伤脚踝；飞机还可能坠机；遇到自然灾害等。意外险的作用就是抵御这些意外伤害导致的治疗、伤残、身故风险，它可以覆盖所有群体，不分男女老少，也不区分健康状况。

根据有关统计数据，每年因为意外伤害而进急诊和住院的患者超过 2000 万人。其中，在导致未成年人死亡的因素中，包括溺水、车祸、意外跌落、窒息等意外伤害的死亡率远远超过疾病的死亡率。

相比其他保险，意外险的保费很低。投保人花几百元买意外险，就可以买到保障责任较全面的保险产品。

"意外"这个词，听上去很容易理解，但意外险的保障范围，可能和普通人理解的保障范围有出入。我们来看具体的条款：

> 遭受外来的、突发的、非本意的、非疾病的使身体受到伤害的客观事件。
>
> 自然死亡、疾病身故、猝死、自杀及自伤均不属于意外伤害。

第一句话，很好懂；第二句话，值得再读一遍。自然死亡、猝死，都不属于意外伤害，意外险不赔付。

这也是大家要注重身体健康的原因。比如，职员小李，连续加班一周，因过度劳累引发急性心肌梗死，送到医院抢救，但没抢救过来。这种情况就属于疾病身故，不在意外险的保障范围内。

不过，后来有保险公司也在创新，推出包含猝死责任的意外险。这种意外险比常规意外险的保费更贵一些，投保人可以根据自己的需求做选择。

看到这里，你会明白意外险和寿险是两种不同的保险，需要同时购买它们。由意外导致的身故，在死亡案例中大概只占 20%，剩下 80% 的情况，都需要由寿险来保障。

一般来说，意外险不仅不保障某些高危职业，如外墙清洁工；而且一些行为也不包括，如潜水、跳伞、赛车等运动项目引发的伤害，就不在意外险的保障范围内。

有一段时间，我喜欢滑雪。后来，我听说了不少案例，就不滑了。

因为滑雪这项运动的特性，出现事故的概率相对较高。如果你在大型滑雪场，可以去医务室看看，每隔一段时间，就会有受伤的人被送进来。轻者扭伤，重者骨折，甚至脑震荡。

2014 年，一名政要滑雪受伤，致使骨盆骨折。她滑雪受伤的消息，引起人们对滑雪安全的讨论。在舒马赫发生意外之后，她还向舒马赫表示慰问。

这些年，随着人们生活水平的提高，如潜水、滑翔等运动越来越流行。在短视频平台上，我们经常看到类似的视频。这些运动确实很酷，不论是在朋友圈发照片，还是发短视频，都能引来很多人点赞。但是，我们常常暴露在风险中而不自知。

有一次，我在美国科罗拉多大峡谷游玩。大峡谷，深达 1500 米，往下扔一个石头，都听不到回声。

在峡谷边缘的一块大石头有一部分悬空着。其中，一名游客站到悬空的石头上，摆好造型，向同伴喊道："快给我拍照！"

这时候，周围人都被他惊呆了。人站立在这种悬空石头上，一不小心，可能连人带石头一起翻下峡谷。人一旦跌落下去，连尸骨都找不到。

过了几秒钟，周围人才反应过来，赶紧大喊："快下来！"

他这才走下来，看上去有些不开心，可能想别人为什么要打扰他拍照。

从理财到人生，风险意识都至关重要。即使买了各种保险，也不意味着可以忽略风险。

查理·芒格在哈佛大学的毕业演讲中说道：

> 曾经有个乡下人说，要是知道我会死在哪里就好啦，那我将永远不去那个地方。大多数人和你们一样，嘲笑这个乡下人的无知，忽略他那朴素的智慧。

如果你特别热爱滑雪、潜水等运动，应该专门寻找特定的意外险。有些意外险可以保障极限运动，但其保费比普通意外险的保费更高一些。

普通意外险还有一个"不保"，需要我们注意：不保障中国大陆地区以外的医疗费用。因为不同地区的医疗费用千差万别，中国大陆保险的赔付数据无法适用于海外的情况。

因此，当游客去海外旅游时，一定要单独买一份"海外旅游险"。不论是受伤、死亡，还是行李丢失、钱包丢失等意外情况，海外旅游险都可能包含在内。

具体每份旅游险的保障责任略有不同，保障的地域也有不同，有些只保障亚洲地区，有些可以保障全世界各个地区。在旅行之前，游客根据自己的行程安排，买一份旅游险是非常划算的，其费用不过几百元。

3.7 房屋财产险：保障中国人至关重要的资产

前面我们提到的保险主要和个人相关。接下来，我们来看一下房屋财产险。这个保险，很多人都不知道，但其实它很重要。

不论是在中国，还是在其他国家，房产可能是大多数人财产中最值钱的一项。以一线城市为例，大部分普通的房子一套的总价在 300 万元以上，如果房子遭遇意外，那可能会带来非常大的财产损失。

人们经常会给车投保险，但很少有人会给房子投保险。也许你会认为，房子怎么可能被破坏呢？它是固定不动的，不像汽车那样到处跑来跑去。

实际上，并非如此。与房子相关的财务损失并不少见。一般来说，它可以分为以下四类：

第一类，房屋损伤：火灾、爆炸等导致房屋主体结构破坏。

第二类，装修破损：由于水暖管破裂等原因，房子需要重新装修。

第三类，物品丢失：如家里进小偷，导致现金和笔记本电脑、手机、等贵重物品的丢失。

第四类，第三者责任：如家里阳台花盆意外脱落砸伤行人、家里漏水破坏楼下房子等事故。

不同的房屋财产险，在保险条款上有些不同。

第一类房屋损伤是保障重点。大部分房屋财产险都有此类保障责任，但有些房屋财产险只保障火灾、爆炸引发的损失，有些房屋财产险只保障台风、洪水、泥石流等自然灾害引发的损失。

在城市中，生活火灾偶有发生。一旦超过 15 层的楼房发生火灾，由于消防云梯喷射高度达不到，就可能无法得到有效的救援。

因此，每个有房产的家庭都有必要配备房屋财产险。如果你所在的地区，还有其他的自然灾害，我建议选保障范围更全的保险产品。

在大城市中，很多人都租房住，为了防止租户与房东产生纠纷，如果租户签了正式租房合同，就可以为房子购买一份房屋财产险。万一房子发生意外，就可以减少很多纠纷。

第二类装修破损。一般房屋财产险都有此类保障责任。但你依然要注意，是否包含水暖管爆裂保障责任。这类比较常见的意外情况发生的概率挺高的。

第三类和第四类损失，并不是每个房屋财产险项目都有保障责任。在购买时，你需要认真查看保险条款，选择自己想要的保障责任。

总体来看，房屋财产险费用很低。我建议大家买保障责任更全面、保额更高的房屋财产险。

在买房屋财产险时，投保人需要注意以下事项：

第一，看清楚房屋是否在保障范围内。不同的保险，其规定有所不同。

比如，有些房屋财产保险，只保障非自建城镇钢筋混凝土商品房住宅。如果是自己建的房子，不论是在城市还是在农村，即使买了房屋财产险，也没有用。

还有一些房屋财产险，保障建筑结构为钢筋混凝土或砖混结构的居民住宅。也就是说，房子只要满足结构条件，不论是否在城镇，是否属于商品房，都可以得到保障。

第二，注意有没有"闲置 7 天不理赔"条款。

虽然房屋财产险保费便宜，但是理赔条款也比较复杂。很多人容易忽视理赔条款。有些房屋财产险的条款中规定：无人居住或无人看管超过 7 天的房屋以及存放在里面的财产，不受保障。

按照这个条款规定，如果家人去国外旅游 10 天，在此期间，一旦房子发生火灾等事故，保险公司就不予理赔。

为了避免这种情况发生，一方面投保人可以选择保险条款更宽松，如"闲置 60 天不理赔"的保险产品；另一方面，每次出远门时，投保人都可以找信得过的亲戚朋友来家里住。

第三，理赔有范围，依然需谨慎。

即使投保人买了包含防盗抢保障的房屋财产险，并不意味着投保人能够完全放心了。一方面，保险公司只认可到公安局报案过的案件；另一方面，丢失的现金、金银珠宝理赔时只能占总保额的 10%，手机、笔记本电脑等只能占总保额的 10%~20%。而这两类属于最容易被偷的物品。因此，投保人要注意保管好贵重财物，别因为买了房屋几道险就疏忽大意。

另外，还需要注意的是，电线老化引发火灾、水管老化破裂这两类事故，一般房屋财产险都是不保障的。

房屋财产险按照实际损失进行赔付，不能叠加赔付，因此投保人买一份保障责任全面的房屋财产险就行。

到这里，我们就把五个重要的保险梳理清楚了。也许你心里在犯嘀咕：要把这些保险都配齐，是不是要花很多钱呀？

实际上，真的不用花很多钱。

重疾险：30 岁以前，购买 50 万元保额，每年保费基本在 4000 元左右。

医疗险：购买保额上限为 400 万元的普通医疗险，每年保费不到 1000 元。

寿险：30 岁以前，购买 100 万元保额，每年保费基本在 1500 元以下。

意外险：30 岁以前投资，100 万元保额，一般每年保费在 300 元以下。

房屋财产险：购买 300 万元保额的产品，每年保费在 200 元左右。

配好保险，就是给家庭穿上了"救生衣"，风浪再大，你都能闲庭信步，自在前行。

我通过大量研究，整理并筛选了一份性价比极高的保险产品方案，关注公众号"兰启昌"（ID：lanqichang6），回复"保险清单"，就能获得这份列表。

第 4 章

指数基金，门槛最低的起步投资方法

那些一直持有指数基金的人，赚的最多的不是钱，而是时间，是生活。

——约翰·博格

4.1　指数基金：享受股市红利的稳健方法

4.1.1　股票市场：长期回报率高

如果你有本金 2000 元，放在银行存了 28 年，请问，现在能取出来多少钱？猜一下答案。

这样的事情，发生在大连一位 80 多岁的老先生身上。1990 年 11 月，他在银行存了 2000 元，当时他在高校当老师，每个月工资为 300 多元。2000 元相当于他半年多的工资。

他一直把这张存单放在书里，后来慢慢遗忘了。2018 年，在翻旧书时，他才发现这张存单，拿到银行去取钱，经过银行工作人员一番计算后，银行向老先生连本带息支付了 2514.48 元。

看上去有一些增值，但考虑到通货膨胀的因素，其实是亏了。他本以为把钱放在银行是"保值增值"，结果让人大吃一惊。

不过，你别担心。只要搞懂投资的含义，你就能避免这样的"窘境"。

什么是投资？投资，就是投资人把钱用来买资产。那么，什么是资产呢？

按照学术定义，资产是能够带来经济利益的资源。简单来说，资产就是能够不断创造财富的东西。

资产具有"增值效应"。资产能够"生钱"，让你的财富像"滚雪球"一样，不断变大。一笔资产，今天值 100 元，5 年后值 200 元，这就是"增值效应"。

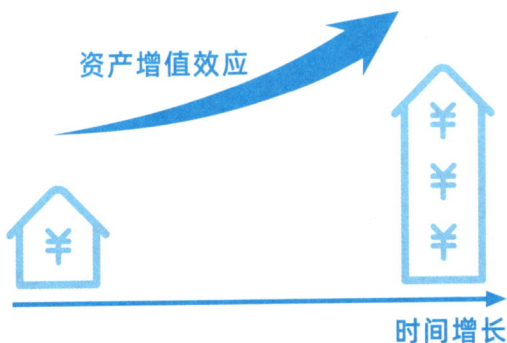

钱本身不具备这样的功能。它只是交易的工具。过去，老人把钱存在床底下或者放在银行里，非常可惜。因为我们辛辛苦苦挣来的财富，被通货膨胀"洗劫"了，钱变得越来越"不值钱"。

只有将钱变成资产，它才能让你变得越来越富有。股票、债券、房产……这些都是资产，门槛不同，收益率也不一样，你需要仔细辨别。

普通人做投资，可以找到收益率不错、门槛低、长期风险低的资产，然后做时间的朋友。

什么资产的收益率比较好呢？

《股市长线法宝》的作者西格尔教授对 200 多年来美国金融市场做了梳理，得出结论——股票是长期投资收益率最高的资产类型。

把 1 美元投资到不同的资产上，会产生不同的收益：投资股票，200 多年后，会变成 70 万美元；投资长期债券，只有 1778 美元；

投资短期债券，只有 281 美元；投资黄金，只有 4.52 美元。

房地产没有被包含在金融市场中。你可能会想：房地产收益率怎么样呢？很多人都好奇这个问题。诺贝尔经济学奖得主罗伯特·席勒是研究房地产的专家，也是凯斯 – 席勒房地产价格指数的创始人。

他对过去 100 年股票、债券、房地产的收益率做了对比分析，结果让人吃惊——从 1890 年到 2013 年，虽然美国房地产的价格产生了波动，但几乎没有太大变化。与之相比，股票是投资回报率最高的投资。

用一句话总结：在美国，过去 100 年，表现最好的资产是股票。

需要注意的是，这个结论并不能直接套用到中国。决定房地产市场回报率的关键在于经济发展与城市化进程。在城市化快速发展的过程中，房价快速增长，一旦城市化进程基本完成以后，房价就基本步入平稳阶段了。

1940 年，美国的城市化率达到 56.5%，成为一座大城市占主导的国家。2018 年，中国城镇化率达到 58.52%。也就是说，从城市化进程来说，当前的中国，与 20 世纪 40 年代的美国差不多。

换而言之，中国依然处在城市化的浪潮中，买房虽然过了回报率最高的"黄金年代"，但依然处在"白银年代"中。在有住宅需求时，购置房产依然是一个明智的选择。

刚才我们梳理了美国的数据，你可能很好奇：在中国市场上，什么投资回报率高呢？

我们先来看股票，很多人在股票市场中亏钱，甚至有人怒斥它为"赌场"。

但事实和人们的直觉相反——从 1994 年到 2019 年初，代表整个股票市场的万得全 A 指数，从 380 点左右增长到 3500 点。在 25 年间，年化增长率超过 9%。

同样是那位大连老先生的 2000 元，如果按照这个速度增长，在这段时间内，就会变成 18 万元。

既然如此，为什么那么多人在股市中亏钱呢？我们在后续内容中会仔细解释。

我们再来看看房地产。过去 30 年，中国房地产经历了一波大牛市。其中，北上广深等城市涨得最多。特别是深圳，从一座小渔村成长为国际大都市，更是占尽了风口。

1987 年，深圳开启中国土地第一拍——东晓花园地块，以 525 万元成交。第二年，东晓花园售价每平方米为 1600 元，不到一小时就卖完了。

30 年后，东晓花园均价每平方米为 5 万元，涨幅达 3025%，这样计算下来，平均年化增长率为 12%。

如果是贷款买房，因为贷款加了"杠杆"，所以收益率会比 12% 高很多。

结论很清晰：过去 30 年，中国最好的投资机会在房地产市场，其次就是股票市场（股市）。

不过，相比于投资买房，投资股市有一大优点：门槛低。

在一二线城市，不论是新房还是二手房，房价大多在 100 万元以上。即使按照最低首付三成计算，投资成本也需要 30 万元。

对大多数刚毕业的普通年轻人来说，如果没有父母帮忙，要攒下 30 万元，并不是轻而易举的事。而投资股市，只要有几千元，就能"入场"，享受到长期投资的红利。

听起来，股票长期收益率高、门槛友好，你可能会冲动地想立刻开户了。

且慢，我在第 2 章详细解释过，任何一项投资，我们都不能只考虑收益率，还要关注风险和流动性。投资新手一听高收益率，就头脑发热；投资高手则会仔细考虑另外两项因素，然后再行动。

4.1.2　股票投资：高收益背后的巨大风险

我们在买股票时，到底在买什么呢？本质上，我们是买一家公司的股权。

举个例子，白酒行业龙头贵州茅台，流通总股本是 125619.78 万股，如果你买 100 股贵州茅台股票，就成为贵州茅台的"小股东"之一，你所持有的股份就占贵州茅台所有股权的 1/12561978。

既然是买公司股权，那么最大的风险来自你是否真正买到好公司的股权。

对普通投资者来说，要选择好公司，并非易事。

我国有很多上市公司。2019 年 4 月，A 股上市公司超过 3600 家，港股上市公司接近 2000 家。从过往的历史数据来看，像贵州茅台、腾讯这种涨几百倍的股票，简直是千里挑一。

不仅我国如此，全球都一样，股市中大多数公司都非常糟糕。从 1926 年到 2015 年，美国一共上市公司超过 25000 家，但到 2015 年年底，只有四五千家还存活，超过 80% 的上市公司消失得无影无踪。

有学者做过统计，从 1926 年以来，美国股市所有的投资回报，都来自表现最好的 1000 只股票，而这些股票数量只占所有上市公司的 4%。

也就是说，如果你是一位买美国股票的投资者，就会遇到以下三种情况：

- 特别幸运，选中了 4% 的好公司，如果长期持有，就可以挣到钱。
- 运气和大多数人一样，选中了那 80% 最终退市的公司，亏得血本无归。
- 选中了剩下的 16% 的公司，这些公司没有退市，但也没有提供任何回报，考虑到交易成本，你肯定亏钱了。

从概率上来讲，这是一个多么不公平的"游戏"！普通人选股，简直就是"火中取栗"。这就是我们身边那么多人盲目炒股而最后结局悲惨的原因。

以上是美国的数据，中国的趋势也大致相同。

到这里，你可能还不甘心：有 4% 的个人投资者能靠选股挣钱，为什么不是我呢？

我们来看看，如果要选中好公司股票，就需要付出怎样的努力。

首先，你需要仔细研究上市公司的基本情况。一般来说，上市公司每个季度发布的财报长达几十页，财务数据只能展现公司的一部分。你需要了解公司的商业模式、管理层能力，以及行业格局。对普通人来说，要真正了解一家公司，不仅需要花大量的时间和精力，还需要具备一定的财务知识。

一些散户，既没有能力，又没有耐心去做这样的功课。他们常用的方式，就是听"内部消息"或者根据财经新闻选股票，把投资当作"买白菜"一样，不亏钱才怪。

投资者好不容易选中一两个上市公司的股票，在认真琢磨透之后，依然会遇到"踩雷"的风险，这就是上市公司"财务事故"。

我们看上市公司财报，一般默认数据是真的。一旦数据有误，投资者所做的决策就必然失败。

这方面典型的案例是美国的安然公司。安然公司曾经是美国最大的能源公司，曾名列《财富》杂志"美国 500 强"的第 7 名。每年，安然公司的增长数据都很喜人，但其商业模式太复杂，很少有人能够说得清楚。在这种情况下，媒体的夸赞、投资者的追捧一直如影随形。

后来，越来越多的疑点出现了。2001 年 11 月 8 日，安然公司被迫承认做假账，虚报数字让人大吃一惊——从 1997 年以来，安然公司虚报盈利共计近 6 亿美元。

新闻曝光以后，安然公司股票急速下跌，到 2001 年 11 月 30 日，每股股价跌至 0.26 美元，市值由高峰期的 800 亿美元跌至 2 亿美元。随后，安然公司申请破产。

一个庞然大物轰然倒塌，最受伤的就是曾经大量买入安然公司股票的投资者，很多人亏得血本无归。如果投资者在最高点买入 1 万美元安然公司股票，到最后安然公司破产时，资产就只剩几十美元。

有一个股市段子，用在这里很贴切：笑着进去，哭着出来；老板进去，打工出来；别墅进去，草棚出来；鳄鱼进去，壁虎出来；苍鹰进去，苍蝇出来；人才进去，饭桶出来。

可怕的是，类似安然公司这样的财务事件，在全球投资市场屡屡上演。2019 年 4 月 29 日，A 股上市公司康美药业发布 2018 年年报，其中一条信息，让人瞠目结舌——该公司宣布，由于在核算账户资金时存在错误，造成过去货币资金多计算了 299 亿元。

一家上市公司账上的 299 亿元资金，说没就没了。更让人震惊的是，康美药业从 2006 年开始，就保持着净利润两位数的增速，被认为是 A 股医药类的龙头股之一，2018 年市值高达 1283 亿元。

那么，"丢失"的 299 亿元是什么概念呢？康美药业上市 18 年，所有净利润加起来还不到 200 亿元。

连这样以往被追捧的"优秀企业"都能出现这样的情况，可想而知，普通投资者在上市公司面前，显得多么脆弱。

在 A 股市场上，还有更离奇的现象。獐子岛是一家老牌的渔业上市公司，业绩表现优秀，被誉为"海底银行"，是资本市场的"优等生"。

2014 年 10 月，獐子岛发布公告：由于遭遇海底异常的冷水团，公司百万亩即将收获的扇贝绝收，造成 8 亿元亏损。

一家号称具有"海洋牧场风险识别与预警能力"的公司，獐子岛旗下的核心资产竟然这样"消失"了。

2018 年，獐子岛发布公告：扇贝"又跑了"，本来当年预计能盈利，现在又变成亏损了。大量散户，被扇贝坑得哭笑不得。

这些年很火的瑞幸咖啡，请名人代言，店铺快速扩张，看上去业绩蒸蒸日上，但 2020 年 4 月的新闻却让人大跌眼镜。

瑞幸咖啡发布公告：经过内部调查，发现首席运营官进行业务数据造假，造假收入达 22 亿元。

它看上去繁花似锦，其实不过是一次泡沫。瑞幸咖啡公告发布当天，股价大跌 75%。

一些上市公司擅长讲美妙的商业故事。但上市公司内部造假容易，外部人士想要深入了解上市公司很难。对普通投资者来说，靠选股票挣钱，挑战极大。

既然如此，你可能会想：如果我把钱交给专业投资公司，由他们来管理，帮助我选股票呢？

听上去这是一个不错的想法。实际上，这个想法引发了金融行业一大创新——基金。

什么是基金呢？它就是基于特定目的募集起来的一笔资金。你可以理解为"凑份子"，许多人各出一笔钱，集中在一起去做投资。根据投资去向的不同，基金可分为股票基金、债券基金、货币基金等。

股票基金就是由基金管理人募集一笔钱，然后在股市中做投资。股票基金可以分为不同的类型，主要有两种：主动型基金和被动型（指数型）基金。

主动型基金，顾名思义，基金经理可以充分发挥积极性，根据自己的知识与经验，选择优秀的股票，并且在不同的市场环境下，做出优秀的操作。

此外，基金经理一般都是名校经管专业毕业，智商高，学历强。有人做过统计，公募基金行业内基金经理毕业于清华大学、复旦大学、北京大学这三所院校的最多，其学历以硕士和博士为主。

在美国，华尔街是基金经理扎堆的地方，之所以很多名校毕业生毕业后都希望去华尔街工作，是因为基金经理收入高、社会地位也不错。

按理来说，基金经理有专业背景，经历过扎实的金融训练，表现应该很不错，这也是很多个人投资者喜欢买主动型基金的原因。

不过，事实真的如此吗？

以美国为例，知名研究机构达尔巴做过研究，从 1993 年 12 月 31 日到 2013 年 12 月 31 日，20 年内，标普 500 指数，这个代表市场大盘的指数，平均年化增长率是 9.28%。但是，请注意，公募基金的平均年化收益率只有 2.54%。

真相让人吃惊——基金经理整体业绩表现比市场平均业绩表现要低近 80%。进一步来看，大多数主动型基金的业绩表现，"跑"输了市场。

总体而言，在美国大多数买主动型基金的投资者，投资收益都远远没有市场大盘表现好。

2009 年，著名评级机构晨星基金公司发布了一份研究报告，这份报告很有意思，就像给人打了一针"清醒剂"。研究人员追踪了 4300 多只主动管理型公募基金，结果发现 49% 的基金经理不购买自己管理的基金。

这些基金经理就像大厨一样，虽然自己做菜，但他们自己从来不吃。

我们再来看看国内的情况。从 2014 年 3 月 6 日到 2019 年 3 月 6 日，沪指涨幅为 51%；同期，普通股票基金有 23 只，其中 10 只"跑输大盘"，占比为 43%；偏股型混合基金有 425 只，其中 169 只"跑输大盘"，占比为 40%。

大概有一半的基金经理的业绩表现比大盘表现差。考虑到要交高额管理费，在中国买主动型基金，大概率会"跑输大盘"。

你可能会好奇：相比美国，中国主动型基金经理业绩表现更好一些，这是为什么呢？

股票投资是一种博弈，基金经理的业绩表现和竞争对手有关系。美国证券历史比中国证券历史长很多，市场上以机构投资者为主，在美国做基金经理，主要是在和同行做竞争，竞争难度大。

在国内市场以散户为主，他们缺乏相关知识，容易追涨杀跌，基金经理在这样的环境中，竞争难度相对小些。

未来，随着市场的成熟，A 股市场和美股市场会越来越像。也就是说，从长远来看，你把钱交给专业基金经理来打理，并不是一件划算的事。

以上分析，仅仅考虑了基金经理的业绩表现。事实上，如果你买主动型基金，这只基金挣多少钱，并不意味着你就能拿到多少钱。因为基金经理要收高额管理费。

一般来说，主动型基金每年最少要收 2% 的固定管理费，不论基金是涨是跌，管理费都照收不误。

4.1.3　指数基金：低风险享受资本市场红利

我们知道，股票市场长期收益率还不错。但是，普通投资者选股的风险太大，如果找专业基金经理帮忙代投，他们的业绩表现也不理想，管理费更是特别高。

听起来，这是一个悲伤的故事。这就像眼前有一座宝山，明明有亮眼的光芒闪耀，但你却无法接近它，获得珍宝。

有一个人，改变了这种尴尬的现状——约翰·博格。

股神巴菲特这样评价他：

> 如果要树立一座雕像，用来纪念为美国投资者做出最大贡献的人，那么毫无疑问应该选择约翰·博格。他帮助了数百万投资者，使他们的储蓄获得了远比他们本来能赚到的更好的回报。他是他们和我的英雄。

约翰·博格到底做出了什么贡献，担得起这么高的赞誉？

1975 年，约翰·博格创办了先锋集团。1976 年，约翰·博格建立了世界上第一只指数基金。这是一种被动型基金，与标普 500 指数挂钩。

在开始时，这只基金仅仅募集到 1100 万美元，连募集目标的 10% 都没有达到。当时，华尔街对指数基金这个新生事物嗤之以鼻，都在等着看他的笑话。

不过，在接下来的 40 多年间，标普指数增长了 26 倍。约翰·博格为他的基金投资者赚回了丰厚的收益。

如今，指数基金已经成为美国证券市场的主流，它彻底改变了投资界，可以称得上是普通投资者的"福音"。约翰·博格也被称作"指数基金之父"。

那么，指数基金到底是什么？

我们先来看看"指数"这个词。在日常生活中，我们经常会接触到各种各样的"指数"，如空气质量指数、居民消费指数。简单来说，一个指数能够反映某一个领域的整体情况。

股票市场存在各种指数。比如，上证 50 指数，就是从上海证券交易所中，根据上市公司的市值大小排名，选择前 50 只股票，做出一个价格指数。每个上市公司在指数中的比例是按照上市公司的市值大小来加权计算的。

当人们发明各种指数之后，投资者就能判断出一个市场的整体涨跌情况了。比如，上证 50 指数，因为选择的都是大公司，所以就能反映出 A 股市场大盘股的走势。

我们知道，指数基金是股票基金的一种，但指数基金是一种被动型基金。也就是说，基金经理不主动选择某个股票，而是按照指数走势来复制自己的投资组合。

比如，你买了上证 50 指数基金，相当于买了背后 50 个大公司的股票。因为每个上市公司的市值不断变化，它占整个指数的比例也会随着变化，相应地，指数基金也会做同样的调整。

指数基金的基金经理，相当于一个"机器人"，他不需要自己去绞尽脑汁选股票，而是按照指数走势来调整投资组合就行了。

指数基金改变了投资界。中国有句话形容孔子的伟大——"天不生仲尼，万古如长夜"。约翰·博格给投资界带来的改变同样巨大，这也是巴菲特认为他是"英雄"的原因。

投资股票，人人都听巴菲特，但股神巴菲特从来不公开荐股。相反，他曾经多次在公开场合推荐指数基金。

曾经有人问巴菲特："假如你只有 30 来岁，你攒下的第一个 100 万美元将会如何投资？"

巴菲特回答："我会把我所有的钱，投资到一个低成本的跟踪标普 500 指数的基金，然后继续努力工作。"

近年来，巴菲特年事已高，很多人都在关心他手上的巨额资产将会怎么处理。巴菲特直言不讳地说，他已指示自己遗产的受托人，在他死后将 90% 的资产投资标普 500 指数基金，以回报家人。

为什么股神这么喜欢指数基金？因为指数基金有许多的优势，尤其适合普通投资者。

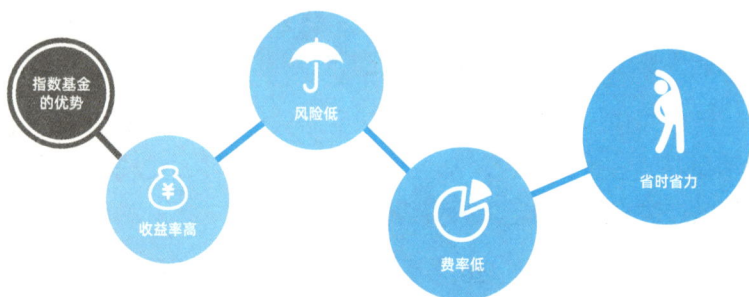

第一大优势：收益率高。

在做投资时，每个人都想要高收益率。比如，股神巴菲特长期年化收益率在 20% 以上。如果你长期持有贵州茅台、腾讯这些大牛股，可能资产翻了上百倍。

但这些都是千里挑一，甚至是万里挑一的小概率事件。我们分析过，全球占相当比例的基金经理业绩表现跑不赢大盘指数。作为业余投资者，不论是资源、知识、技术都不够，凭什么能选中大牛股呢？

也许你会想：贵州茅台、腾讯这些公司很有名呀，我当时也知道，如果早点买入就好了。

这就是典型的"幸存者偏差"。那些在商业竞争胜出的公司，仿佛一开始就应该胜利一样。实际上，在初期，竞争格局非常不明朗，你很可能会选错。

比如，2004 年腾讯在中国香港上市后，经历过多次危机与转型。腾讯最开始靠电信 SP 业务盈利，后来转变为通过 QQ 增值服务盈利，经过一系列布局和打拼，好不容易在社交、门户网站、游戏等各个领域建立了优势，又遭遇了"3Q 大战"。后来，腾讯微博停止运营，人们都以为腾讯要丢掉社交阵地，直到微信横空出世，但微信差点被运营商停掉……

从事后来看，腾讯仿佛天生就自带光环。实际上，在很多关键节点，腾讯都遇到生死挑战。这也是很少有人能够长期持有腾讯股票，享受到 500 倍股价增长红利的原因。

但是，指数基金自动跟随市场波动，不需要你有高超的研究能力。从 1871 年至 2017 年，标普 500 指数获得年化收益接近 9% 的回报。在过去，中国万得全 A 指数平均年化增长率达 9%。

这只是纯粹的指数增长率。在实际投资中，我们可以通过低估值定投的方式提高收益率。具体的操作方式，我会在后面章节中详细讲解。

总体而言，商业竞争太激烈，作为普通投资者难以看透"迷雾"，找到大牛股。因此，投资指数基金是最好的选择。买指数基金，不能让我们达到最高的收益率，但可以让我们取得足够丰厚的回报。

为什么指数基金长期收益率好呢？因为它代表市场大盘走势。从长期来看，市场大盘与经济增长密切相关。

当经济增长时，优秀上市公司的盈利会不断增加，人们的收入增加，上市公司的股价也会不断上涨。指数基金背后持有的是公司股票，因此股价也水涨船高。

从这个角度来看，指数基金投资并不适合所有国家。如果一个国家经济长期向下或者缺少活力，企业成长就缺少空间，指数也缺乏往上走的动力。

有一句话，看似粗糙，但很贴切——投资就是投"国运"。

巴菲特曾经说："我一生中最大的幸运有两个——一个是抽到'卵巢彩票'，一个是娶了苏珊。"

他说的"卵巢彩票"是指他生在美国刚好赶上了美国快速发展的年代，正是在这样的经济环境中，价值投资才有根基。

我们生在中国，也是件幸运的事。改革开放 40 多年来，中国经济高速增长，成为推动全球经济发展的重要引擎。未来，中国面临许多挑战，但经济增长的基本面依然向好。

第二大优势：风险低。

一些公司看上去非常光鲜，业绩良好，但说不定哪天就"爆雷"了，如前几年的乐视公司。

刚开始，乐视公司描绘了光明灿烂的前景，股票不仅受到散户追捧，很多主动型基金，也大举买入。后来，贾跃亭远走美国，乐视的问题一一暴出，不仅散户亏钱，很多基金也蒙受重大损失。

乐视公司曾经定增过一次股票，当时是 45 元的价格，结果等到投资者可以卖出时，每股只剩下 8 元，亏了 82%。

如果投资者要投资某一家公司的股票，就可能面临三大风险：

第一，公司很一般，长期来看股价没什么增长。

第二，公司看着不错，但财务可能有"猫腻"。（一旦遇到这种情况，就会损失惨重。）

第三，公司确实很牛，但随着商业格局的变化，没落了。（比如柯达、诺基亚，当下的部分汽车公司也面临着类似挑战。）

如果不选股，而是买指数基金，以上风险就可能避免了。因为你购买了"一篮子股票"，万一哪只股票出了问题，对整体影响比较小。指数会不断调整，把那些出问题、业绩不行的公司剔除出去，引进新公司。

实际上，指数就是不断更新的"优秀股票组合"，具有自净功能。指数一直存在，但里面的股票构成，不断更替。

以美国道琼斯工业指数（道指）为例，这只指数已经有 100 多年的历史，一共有 30 只成分股。

1890 年，道指首次发行时，主要以炼油、钢铁、煤矿公司为主。到 20 世纪 80 年代，服务类和消费类公司兴起，如可口可乐、强生、沃尔玛等企业被纳入道指。1999 年，微软和英特尔首次加入道指……道指每一次新增加一个公司，意味着一个旧公司被移除。

2018 年，道琼斯工业指数委员会宣布，把稳居道指 110 年的通用电气公司从指数中正式移除。通用电气公司由发明家爱迪生创办，他是人类进入电气时代的重要推动者。尽管通用电气公司是美国市值最大的企业，但在新科技浪潮中，它渐渐"落伍"了。这次移除，也意味着道指从创办到现在，所有 30 只成分股都换了一遍。

同样，在 2018 年，我国具有代表性的沪深 300 指数进行了大规模调整，将华谊兄弟、万达电影等 24 个公司移除，新增加了药明康德、工业复联等公司。

指数很无情，但这种无情是对指数基金投资者最好的保护。一个公司倒掉不要紧，无数好公司会跟上。大公司的寿命周期有限，但指数长青。

对普通人来说，我们很难判断出行业兴衰与公司成败，跟随指数基金是风险更低的选择。

第三大优势：费率低。

我国的主动型基金，一般固定管理费为 2%，加上申购费、托管费等，买主动型基金的成本费用达 3% 以上。

相比之下，买指数基金的成本就低很多。我国大多数指数基金的整体费率已经降到 0.5%~1%。

两者相比，大概差了两个百分点。看上去差距很小，但长期来看，收益会相差很远。

举个例子，小 A 和小 S 是好朋友，从 30 岁开始，他们分别购买了一只主动型基金和一只指数型基金，每月都投资 8000 元，一直投到 60 岁，准备做养老金。

幸运的是，两只基金业绩表现都不错，30 年来，平均年化收益率刚好都是 10%。

到 60 岁那一年，两个人能拿到多少钱呢？

小 A 的实际年化收益率，扣除基金管理等费用后，大概是 7%，最终拿到手 970 万元，刨除这些年投资的本金，投资收益为 682 万元。

小 S 的实际年化收益率，扣除基金管理等费用后，大概是 9%，最终拿到手 1426 万元，刨除这些年投资的本金，投资收益为 1138 万元。

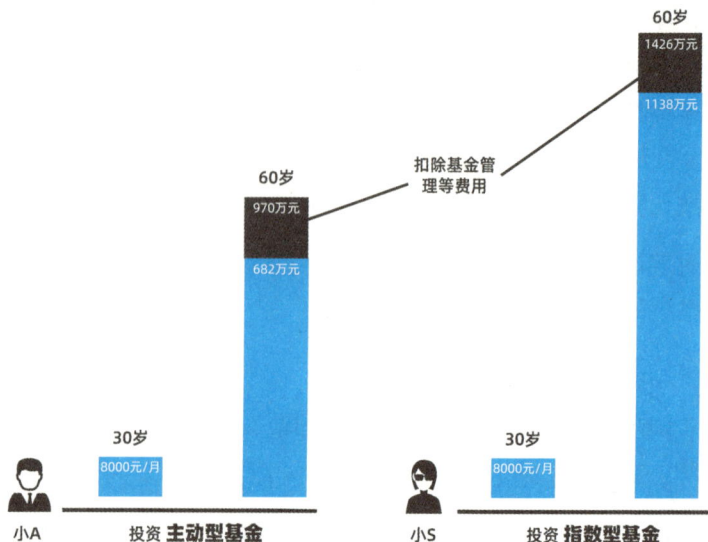

仅仅两个百分点的差别，30 年后，投资收益几乎差了一倍，这就是我们必须重视费率的根本原因。

第四大优势：省时省力。

我们一直强调，金钱不是目的，它只是通向自由幸福之路的垫脚石。

对大多数人来说，投资不是兴趣，而是为了实现更好生活的工具。

如果某项投资，需要你耗费大量时间，投入无数心血，甚至睡觉都睡不踏实，多年过后，白发斑斑。即使这项投资收益很不错，从人生的角度来说，这种做法也非常不值得。

这是很多股民的真实写照——他们上班看盘，下班看盘，生活中心变成一堆红红绿绿的数字。更惨的是，尽管他们投入了这么多，但一无所获。

人们根据经验总结出股市规律：十个人九个亏，基本符合事实。小亏倒还好，有些人亏得倾家荡产，结局悲惨。

对普通人来说，投资只有一个目的：投入尽量少的时间与精力，避免风险，获得大概率的高回报。

这正是指数基金的强项。你不需要每天盯盘，也不需要花大量时间去研究某家上市公司，把本书看完，花几个小时整理出投资计划，以后每个月花几十分钟，就能完成投资操作。

通过这种省时省力的方法，用闲钱长期投资，既避免了股市波动给心理带来的不良影响，又享受到经济增长的红利。

因此，约翰·博格说："那些一直持有指数基金的人，赚的最多的不是钱，而是时间，是生活。"

金钱不是目的，
它只是通向自由幸福之路的
垫脚石。

4.2 如何挑选优秀的指数基金

我们介绍了指数基金的优势。接下来，我们进入实操环节——如何挑选优秀的指数基金。

从数据来看，截至 2019 年 3 月，中国共有 593 只指数基金，总规模约为 7000 亿元。

虽然指数基金这个品种挺不错，但不同的产品，业绩表现差异也很大，特别是指数基金数量这么多，简直让人看花了眼。

接下来，我们介绍指数基金挑选的"三步法"。

4.2.1 选指数：多选宽基指数，慎选行业指数

我们看到的股票指数，可以分为两类：宽基指数和窄基指数。

宽基指数
覆盖多行业的，具有代表性的指数。比如上证50指数等

窄基指数
一般指行业指数或者主题指数，比如医药指数、养老指数等

这两个名称很形象。宽基指数，一般是指覆盖很多行业，具有广泛代表性的指数。比如，上证 50 指数，就是宽基指数。

窄基指数一般是指行业类指数。比如医药指数，就是由医药

相关公司组成的指数；或者是指主题指数，比如养老指数，就是把与养老相关的公司组成的指数。

从总体来看，我建议大家多投资宽基指数。因为它覆盖多个行业，可以减少某个行业周期波动带来的影响，与经济大势的相关度更高。

在窄基指数中，不同行业的表现，差别很大。比如，一些处在衰退期的行业，长期表现不好，而一些发展不错的行业指数就增长很快，比如医药行业、消费行业。

指数多种多样，作为普通投资者，我们的精力有限，不可能一一了解它们。我从长期收益率、投资方便程度等角度考虑，筛选出适合普通投资者关注的 10 大指数。

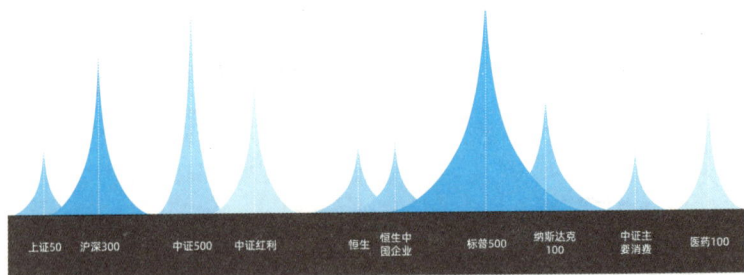

1. 上证 50 指数

我国有两大交易所——上海证券交易所（上交所）和深圳证券交易所（深交所）。上交所的上市公司一般规模较大，新上市公司数量少一些；深交所的上市公司，有大公司，也有创业公司，公司平均规模小一些，但整体数量更多。

上证 50 指数，由上交所规模大、流动性好、最具代表性的 50 只龙头股票组成样本股。这 50 家大公司平均市值在 3000 亿元以上，盈利都比较稳定，如中国平安、贵州茅台、招商银行，这些耳熟能详的公司，都包含其中。

在这 50 家公司中，大部分都是银行等金融类股票，行业集中度比较高，容易受到金融行业表现的影响。

2. 沪深 300 指数

从上交所、深交所中挑选规模最大、流动性最好的 300 只股票，组成沪深 300 指数。

需要注意的是，沪深 300 指数包含了上证 50 指数的所有个股，同时把深交所的部分大盘股也纳入囊中。与上证 50 指数相比，沪深 300 指数的行业分布更均衡，不会过度集中。

沪深 300 指数所覆盖的股票，大概代表了整个沪深市场 60% 左右的市值，因此它可以被看作 A 股走势的"晴雨表"。

沪深 300 指数和上证 50 指数，都是蓝筹股指数。"蓝筹"这个词来源西方赌场。赌场一般有三种不同颜色的筹码。其中，蓝色筹码最值钱。在证券市场上，将那些业绩好、经营好、规模大、具有稳定且较高现金分红的公司股票叫作"蓝筹股"或者"大盘股"。

上证 50 指数包含了市值最大的 50 只股票，也被称作"超大盘指数"。

3. 中证 500 指数

与蓝筹股相对应的，还有中盘股、小盘股。相对来说，后两者的公司市值规模更小，但增长空间更大。

中证 500 指数就是典型的中小盘股指数。它从沪深两地 A 股中，剔除沪深 300 指数样本股及最近一年日均总市值排名前 300 的股票，在剩下的公司中，选取日均总市值排名前 500 名的公司作为样本股。

我们在投资指数时，一般可以采用"大盘股指数 + 小盘股指数"的综合配置，这样就能更加全面地覆盖市场上的整体行情。

你可以在上证 50 指数和沪深 300 指数中选一个重点关注，然后再加上中证 500 指数。

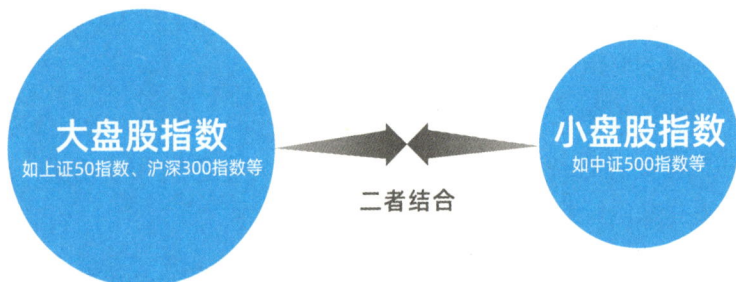

4. 中证红利指数

上面介绍的指数主要以市值来进行加权计算。市场有一类指数，采用高股息策略来选股，被称作"红利指数"。

很多上市公司每年都会把盈利的一部分拿出来，进行现金分红，直接派发给投资者。具体派发的多少，就用股息率这个指标来衡量。

股息率 = 每年分红的金额 / 公司总市值。当然，也可以采用另外一个公式：股息率 = 每股分红的金额 / 每股股价。

比如，某个公司，每股股价是 50 元，年底按照每股 5 元的计划来给投资者进行现金分红。那么，这家公司的股息率就是 10%。

你买一家公司的股票，不仅能享受到股价增长，还能享受到每年分红，就像把钱放进银行能拿利息，它叫作"股息"。

很多投资者都特别偏爱高分红的公司。因为投资者在不减少持有公司股票的情况下，就可以获得源源不断的现金回报。

有很多研究表明，高分红的股票长期回报率比较高。在《股市长线法宝》一书中，西格尔对标普 500 指数从 1871 年到 2012 年的数据进行计算，发现股息是股东投资回报最重要的来源。

一般来说，我们所说的指数收益是不包括分红的。在指数官网上，我们可以看到指数还会有一个全收益行情，这是考虑了分红的收益。全收益行情一般都会更高一些。

红利指数就是从市场中挑出股息率高的公司，组成的指数。这样的指数，就能享受到高分红带来的回报，受到很多投资者的喜爱。

中证红利指数，以沪深 A 股中现金股息率高、分红比较稳定、具有一定规模及流动性的 100 只股票作为成分股，包括江铃汽车、哈药股份、中国神华、新希望等公司。

5. 恒生指数

中国香港是重要的金融中心，一直很受投资者关注。恒生指数代表的是中国香港的蓝筹股，它由从中国香港交易所上市公司中选出 50 家规模最大、流动性最好的公司组成，用来反映中国香港股市的整体水平。

这些上市公司，既包括总部在中国内地，但在中国香港上市的公司，又包含中国香港当地的代表性公司。

恒生指数历史很悠久，诞生于 1969 年，收益也很不错，历史长期年化收益率在 10% 以上。

6. 恒生中国企业指数（简称"国企指数"或"H 股指数"）

恒生中国企业指数，包含了 50 只在中国香港交易所上市的公司股票。

对刚接触投资的人来说，"H 股"这个词听上去有些奇怪，下面来解释一下各种股票名称。

A 股，正式名称叫作"人民币普通股票"，它由中国境内注册公司发行，供投资机构、组织或个人以人民币交易的股票。

B 股，正式名称叫作"人民币特种股票"，以人民币标明面值，以外币认购和买卖，在上海、深圳证券交易所上市交易的股票。

简单来说，A 股和 B 股的区别在于一个是针对中国境内投资者，一个是针对中国境外投资者。两者都在上交所和深交所进行交易。我们一般买的股票就是 A 股。

H 股是指在中国内地注册成立，在中国香港上市的公司所发行的股票。H 代表"Hong Kong"。在 H 股中，很多公司的主要持股人为中国政府及地方政府，所以它也被称为"国企股"。不过，H 股指数中也包括红筹股和民营公司。

A股	B股	H股
人民币普通股票，由中国境内公司发行，以人民币交易。	人民币特种股票，由中国境内公司发行，但需要以外币交易。	在中国内地注册，在中国香港上市的企业，包括国企和民企。

国际投资者把那些在境外注册、在中国香港上市的，但是带有中国大陆概念的股票称为"红筹股"。

目前，H 股指数包含中国工商银行、中国建设银行、中石油等公司，成分股以金融公司为主。

恒生指数和 H 股指数，是中国香港交易所最受欢迎的两个指数，彼此之间有交叉重叠的地方。

7. 标普 500 指数

标普 500 指数，涵盖美国纽交所和纳斯达克交易所中的 500 只股票。与很多大盘指数的编制不同，标普 500 指数的成分股，是由一个委员会选择并且更换的股票。

在选择股票时，委员会参考很多数据进行综合判断，而且每个公司都必须是一个重要行业的"领头羊"。

总体来说，标普 500 指数采样面广、代表性强，精确度比较高，是典型的大盘股指数，类似于国内的沪深 300 指数。在行业分布上，标普 500 指数也比较均匀，覆盖 10 个行业。

8. 纳斯达克 100 指数

在财经新闻中，我们经常听到纳斯达克交易所。它是美国著名的交易所，其中上市公司以科技类公司为主。

纳斯达克 100 指数是由纳斯达克 100 只大型上市公司组成的股市指数，以市值为基础，并采用一些规则平衡较大市值股份造成的影响。与标普 500 指数不同，成分股以科技公司为主，但不包含金融机构。

在科技行业占据市场主流的今天，纳斯达克 100 指数也因此成为人们观察科技市场走向的重要指标，如苹果、微软、谷歌、思科、英特尔等众多知名公司都名列其中。

上面介绍的 8 只指数，不论是在中国还是在美国，它们都是大盘指数，包含多个行业。它们代表了不同经济体的整体走势。

在投资中，还有人偏爱窄基指数基金，如行业指数基金。做行业指数投资，需要你对某个行业有深度的了解，不然很容易被套牢。

按照全球行业分类系统（GICS）的标准，上市公司可以分类到 10 个一级行业，包括金融、信息技术、必需消费品、非必需消费品、原材料、房地产、医疗保健、能源、公用事业、电信服务。

必需消费品，是指人们在日常生活中经常用到且使用频率和经济形势关联度不大的商品，如食品、饮料、家居用品等。宝洁、可口可乐、沃尔玛就属于必需消费品行业的公司。

相比之下，非必需消费品的消费频率更低，容易受到经济大环境影响，如汽车、奢侈品、酒店等。星巴克、耐克、喜达屋就属于非必需消费品行业的公司。

这么多行业，让人眼花缭乱。如果我们要选行业指数，该怎么选呢？一般有两个标准。

第一，行业长期稳健增长。一个衰退的行业，或者一个太稳定以至于没有增长的行业都不适合长期投资。因为我们享受不到增长的红利。

第二，行业具有抗周期性。所谓抗周期性，就是指不论经济好坏，整个行业的业绩表现都不会发生太大变化。这样，我们在做长期投资时，就能心态安稳。

有些行业具有明显的周期性。比如，金融行业，当经济向好、牛市来临时，人们纷纷跑去开户，券商公司的业绩表现也水涨船高，但一旦经济萧条，很多股民就会出逃，券商公司业绩表现往往会非常差。

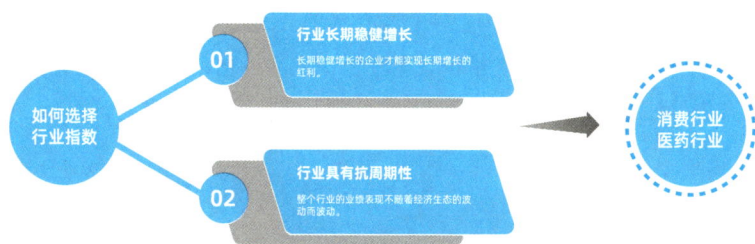

按照这两个标准来筛选行业指数，有两大行业值得我们长期关注：消费行业和医药行业。

从美国的经验来看，过去 30 年牛市中领跑的四大行业分别是信息科技、医疗保健、可选消费和必需消费。其实，它们就是消费类行业和科技类行业长期领涨。但是，科技类行业波动大，经历过多次泡沫，所以消费行业是更好的投资选择。

过去 30 年，中国股市涨幅最多的股票中，消费行业和医药行业占据了多数。

为什么消费行业和医药行业能够长期看好呢？因为它们代表了人类的基本需求。

衣食住行是人类社会最基本的需求。经济再不好，饭总得吃，酒还得喝，食品饮料生意就不会差。一旦经济发展了，人们会在消费上花更多钱。

从中国发展周期来看，当前正处在"消费升级"的过程中，人们有许多消费需求依然没有被满足，消费行业处在被长期看好的通道中。

为了健康花再多钱也在所不惜，随着人均寿命的增加，医疗技术日益发达，中国人在医疗方面的投入，也会越来越多。

接下来，我们来看中证消费指数和医药 100 指数两个行业指数。需要提醒读者的是，这两个行业一直很受青睐，在大多数时候，估值水平比较高，也就是说比较贵。在购买它们时，要选择合适的方式，如定期不定额投资。在后续章节中，我们会进行详细介绍。

9. 中证主要消费指数（简称"中证消费指数"）

中证主要消费指数由中证 800 指数样本股中的主要消费行业股票组成，成分股为 41 只，代表 A 股市场中大市主要消费类股票指数，贵州茅台、五粮液、伊利股份、涪陵榨菜、双汇发展、光明乳业等都在其中。

什么是"主要消费"？它可以等同为"必需消费"。你可能会注意到白酒行业也列在其中，这可能和中国国情有关。中国人喝白酒，就像美国人喝可乐一样，这是生活中很常见的消费习惯。

10. 医药 100 指数

医药 100 指数，是由 A 股市值排名前 100 名的医药股票组成的。一般来说，医药板块龙头股往往涨幅更大，因此选取市值最大的 100 只股票，更具有代表性，公司也更优秀。

医药 100 指数比较特殊，它是一只策略指数，采取等权法编制，定期对指数进行权重调整，具有自带"高抛低吸"的功能，因此其历史表现比较出色。

4.2.2 选基金：看长期收益率

我们了解了 10 个指数。如果你嫌多，我建议你关注 4 个指数就够了。

第一，上证 50 指数，大公司，长期稳健。

第二，沪深 300 指数，从上交所、深交所两大交易所选股，与经济整体相关性强。

第三，中证 500 指数，成长性高，波动也大。

第四，中证红利指数，高分红，适合超长期持有。

当你开始买指数基金时，你会发现针对同一个指数，常常有多个指数基金可购买。

该选哪个指数基金呢？答案很简单：选择成立时间久、规模大、长期回报率高的指数基金。

基金时间长，说明它经过了时间考验，处理各种情况都更有经验。如果一直是同一个基金经理，就更好了。

规模大的基金，如果遇到大量资金赎回，更能撑得住，基本不用担心基金清盘。

按理来说，跟踪同一个指数的回报率应该是相同的。为什么还会产生差异呢？理论上应该是相同的，但实际情况并不是这样的。

跟踪指数，意味着要对基金成分股进行调仓。调仓是否准确及时，能否尽可能地让基金完全复制指数的走势，就看基金经理的管理能力了。

有一个概念，专门用来衡量这种水平，它叫作"基金与指数的跟踪偏离度"。偏离度越小，说明基金与指数越接近，表明基金经理的管理能力越强，更适合长期持有。

大多数指数基金，都是走这种"完全复制指数"的路线，虽然实际操作有差异，但从目标来看，就是希望与指数表现相同。

另外，还有一小部分指数基金，叫作"增强型指数基金"。也就是说，这些基金在指数成分股的基础上，要发挥基金经理的主观能动性，会做进一步的选股，并且也会择时。

增强型指数基金旨在"鱼和熊掌兼得"：一方面跟随指数长期增长的趋势；另一方面发挥基金经理的智慧，对基金进行优化。因此，增强型指数基金对基金经理的要求就更高了。

从实际情况来看，国内跟踪沪深300指数、中证500指数等指数的增强型指数基金表现差异很大。有些比指数表现差30%，有些能超过指数50%。

在买增强型指数基金时，我们要仔细看这只基金的历史、长期收益率、基金经理的经验，谨慎选择。

有一点需要注意，指数增强型基金的管理费用不低，通常收取2%的管理费。因此，有些指数增强型基金看上去收益率比纯粹指数基金的收益率高，但减掉管理费之后，实际上两者差不多。

对投资新人来说，我建议少买增强型指数基金，多关注完全复制型指数基金，这样可以减少精力与时间的投入，降低决策成本。

4.2.3　选费率：综合考虑性价比

在买指数基金时，我们经常听到两个词：场内基金和场外基金。

这个"场"到底是什么呢？其实，它指的是交易所。

场内基金，就是在交易所上市的基金，和股票一样，价格实时变动，需要用股票账户来买卖。比如，ETF就是常见的场内基金。

买场内基金，投资者需要先开好股票账户。在购买时，投资者在证券App输入基金代码，就能直接购买。

场外基金，顾名思义，不能在场内交易，只能在场外购买，通常在基金公司、银行、第三方代销网站，用基金账户就可以买到它。比如，在理财通和支付宝就可以买到它。

除此之外，场内基金和场外基金有什么不同呢？

我们先来看场内基金的优势：

第一，场内基金交易成本更低。一般来说，通过证券账户买场内基金的整体成本，一般不超过万分之五。

目前，很多第三方平台卖场内基金都有一折手续费优惠活动。如果按照折扣价计算，大概成本就在千分之一到千分之二。

相比之下，场内基金的交易成本更低。

不过，需要注意一个细节，大多数券商有最低佣金邀请，一般是最低收取 5 元。比如，某个券商的佣金费率是万分之三，如果你买了 1 万元基金，按照费率算就是 3 元，但因为这项规定，必须交 5 元手续费。

因此，资金量大，追求低费率，适合买场内基金。如果每次只购买几千元基金，场内交易的手续费就没有什么优势。

第二，场内基金交易效率高。买场内基金的工作时间是 9:00—15:00，下单之后，实时成交。而场外基金交易就慢一点儿，如果在工作时间 15:00 之前申购，就会按照当天收盘时的价格，在第二个工作日完成成交，遇到节假日要顺延。

买入场内基金后，第二个工作日就可以卖出，卖出会实时成交。但是场外基金在卖出后可能还需要 2~7 个工作日到账，遇到节假日自动往后顺延，时间会更长。

第三，场内基金跟踪指数误差小。场内 ETF 基金，普遍跟踪误差小，一般为 0.02%~0.03%。场外基金的跟踪误差，一般为 0.09%~0.20%，有些甚至更高。

以上总结了场内基金的优势。相比之下，场外基金也有许多优势：

第一，场外基金交易更简单。场外基金根据收盘结果计算当日净值，不需要投资者实时盯盘，适合没时间看股票的上班族。而场内基金，在交易的时间段内，价格在不停变动。

第二，场外基金品种更丰富。场内基金数量相对更少，场外基金的数量更多，品种更丰富。

第三，场外基金交易渠道更多。买场外基金，不需要开证券账户，通过银行柜台、基金公司、理财通、支付宝、天天基金网、同花顺爱基金等手机理财软件都能购买。

第四，场外基金分红方式更多元化。前文提到有些指数基金会分红。如果购买场内基金，就只能选择现金分红。也就是说，分红后现金直接打到你的账户上；而场外基金，可以选择红利再投资，也就是自动把你的分红用来购买基金份额，这样你不用再操作，就能形成一个长期复利效应。

场外基金	场内基金
01 场外基金交易更简单	01 场内基金交易成本更低
02 场外基金品种更丰富	02 场内基金交易效率高
03 场外基金交易渠道更多	03 场内基金跟踪指数误差小
04 场外基金分红方式更多元化	

如果你是投资新手，手上资金不多，也不想花很多时间研究，建议先从场外基金入手。

等过了一段时间，当你对投资理解更深，而且你的资金量更大，需要更实时、费率更低的方式时，你再去开证券账户也不晚。

4.3　定投是购买基金的最好方式

通过前面内容的介绍，我们明白了指数基金的优势，也知道了如何挑选指数基金。接下来，涉及更具体的问题——什么时候买指数基金？买多少？什么时候卖？

看完这一节内容，你就可以进行实际操作了。

4.3.1　为什么要定投

很多人在买指数基金时，喜欢一次性买入，这并不是好的选择。最好的方式是定投，在每个月固定的时间买入。

为什么不能一次性买入呢？因为我们没法预测股票市场短期走势。很可能在你大举买入的时候，正处在市场价格高点。一旦买贵了，长期收益率就必然很低。

巴菲特的老师格雷厄姆说："市场短期是投票机，长期是称重机。"

股市每天都在波动，变化莫测。它就像是一个闹哄哄的投票现场，成千上万的股民，根据自己的想法和情绪，做出各种各样的判断。这些判断集合在一起，就集合成了当天的股价。

当时间拉长到 5 年以上时，短期噪声渐渐消失了，每只股票的价格，渐渐地与它的基本面高度相关。什么是基本面呢？就是企业的盈利能力。

指数基金的背后是"一篮子股票"，因此指数基金的价格也呈现出"短期剧烈波动，长期跟随基本面"的情况。

因此，不论投资股票还是投资指数基金，我都建议长期持有 5 年以上。

巴菲特说过更极端的话：如果你不准备持有一只股票十年，那一刻也不要拥有它。

在长期投资的情况下，我们通过定投的方式，可以降低短期风险，降低购买成本。

具体来说，定投可以分为定投基础版和定投高级版两个版本。

4.3.2　定投基础版：定期、定额投入指数基金

第一个版本——定期、定额投入。

为什么定投可以降低风险和成本呢？我们来看下面这张图。

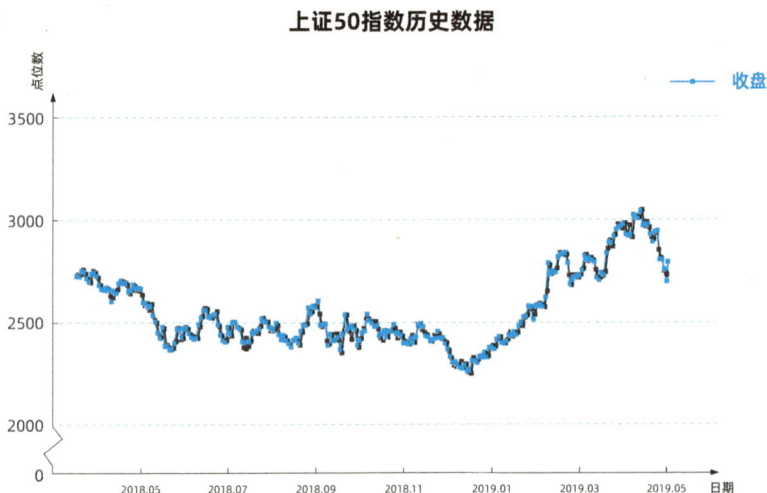

上证50指数历史数据

这是从 2018 年 5 月 10 日到 2019 年 5 月 10 日，上证 50 指数的走势图。起始位置，2018 年 5 月 10 日，上证指数 2729 点；终

点位置，2019 年 5 月 8 日，上证指数 2698 点。

假设在过去一年内，你给自己列了一个定投计划：针对天弘上证 50 指数基金，每个月 10 号定投 3000 元，如果当天是节假日，就顺延定投。

一年过去了，你觉得自己挣钱了吗？

你心想：指数相比一年前都下跌了，还怎么挣钱呢？

事实上，你不仅挣钱，而且挣了不少钱。

过去一年，你定投 12 个月，扣除手续费，每个月定投 2997 元，总共定投 35964 元，收益为 3622 元。

如果算绝对收益率，用收益除以本金，结果是 10.07%。

但实际上，你有很大一部分资金是在后来逐渐投入的。这部分钱的投入时间少于一年，按照时间价值来计算的话，真实年化收益率达 19.39%。

2018 年，P2P 频繁"爆雷"，一些人把自己的积蓄都亏完了，房地产市场也处在"冰冻"状态。相比之下，19.39% 的收益率，简直是"一枝独秀"。

你肯定很疑惑：这到底是为什么呢？相比一年前，指数下跌了，为什么我还挣了不少钱？

我们来揭开"秘密"：基金的市值 = 基金净值 × 份额。基金净值相当于单价，与指数表现直接相关。当指数高时，净值就高。

这就像买股票一样，基金净值类似股票的每股股价，基金市值相当于股票总市值。

在上面的例子中，第一次定投，基金净值，也就是单价为 1.0532 元，你买到了 2833 份。在一个月后，指数下跌，基金净值下跌到 1.0379 元，你买到了 2887 份；又过一个月后，指数继续下跌，你买到了 3117 份……

在定投的一年中，大多数时候，指数都比 2729 点低，只有少数几个月份，指数比初始值高。也就是说，"熊市长牛市短"，但熊市并不完全是坏事，因为你能买到更便宜的基金，获得更多的份额。

到这里，你已经发现了定投的秘密：长期定投指数基金，遇到指数下跌，对投资者来说是好消息，意味着你能买到更多的份额。

在这个案例中，指数一直下跌，然后又短暂反弹，到卖出基金时，指数回到了定投初期差不多的水平。

不过，你可能会继续问：在定投期间，如果指数一直下跌，那该怎么办？那样是不是就亏大了？

这是一个特别好的问题。只有把这个问题搞懂，我们才有信心开始做指数基金定投。

在一段时间内定投指数基金，然后卖出，可能出现以下三种情况：

第一种：卖出点比起始买入点高，一般来说，这种情况是盈利的，而且时间越长，盈利越惊人。

第二种：卖出点和起始买入点基本持平，上述分析的案例，就是属于这种情况。这种情况也最反直觉，你可能以为没挣钱，实际上收益率也不错。

第三种：卖出点比起始买入点低很多。这种情况就很有可能亏损了。

基金的市值 ＝ 基金净值 × 份额

卖出点高于起始买入点
收益率大

卖出点与起始买入点基本持平
收益率小

卖出点低于起始买入点
收益率可能为负

那么，为了避免第三种情况的发生，我们应该怎么做呢？我先给出结论：至少定投五年。

股市短期走势无法预测，但在长期内，股市会向它的基本面回归。

我们来看一个具体案例。以沪深 300 指数为例，从 2010 年 1 月 4 日到 2018 年 3 月 26 日，这 8 年间，分别进行一年期、三年期、五年期的大量定投回测，对投资收益进行分析。

如果做一年期的定投，那么期间年化收益率如下图：

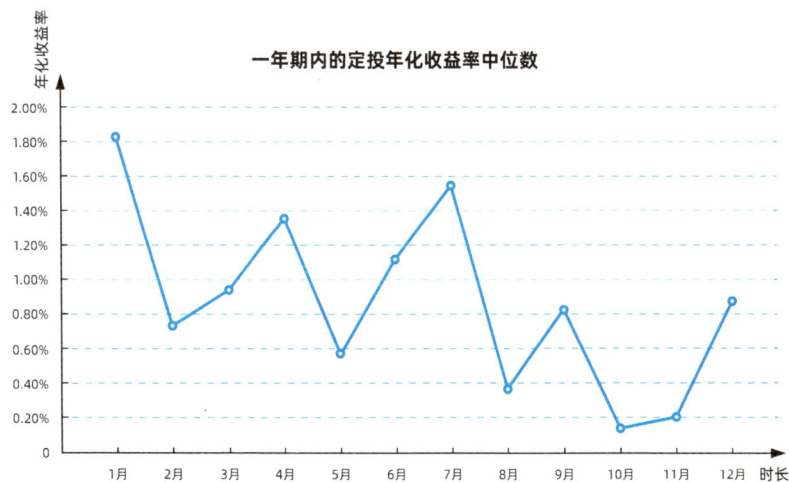

一年期内的定投年化收益率中位数

总体来说，在定投期间，各持有期的收益都是正的。但是，收益率很低，不超过 2%。也就是说，与其这样定投，还不如去买货币基金更省事。

如果是做三年期的定投，那么期间年化收益率如下图：

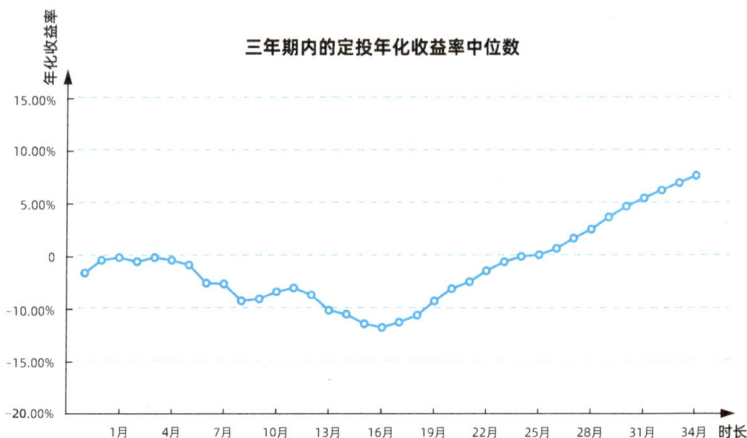

在定投早期，经历了一些亏损，但一般在第 20 个月开始回升，接下来慢慢变高，最后接近 7% 的水平。

需要注意的是，以上计算为平均水平。实际上，大量三年定投试验表明，三年期定投的最终年化收益率分布集中在 (-2.92%，2.44%] 和 (-2.44%，7.81%] 两个区间段，最终获得正收益的概率是 67.07%。也就是说，有近 33% 的可能性会亏钱。

我们再来看五年期定投，结果就很不一样了，其优势很明显。

五年期内的定投年化收益率中位数

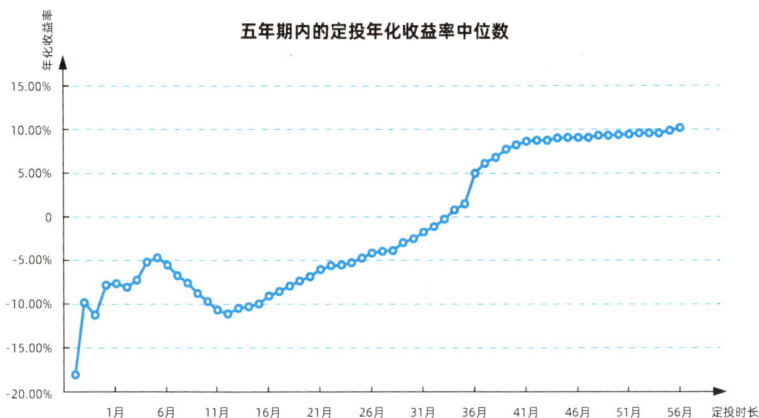

首先，五年期定投最终年化收益率都为正数，不存在亏损情况。

其次，最终年化收益率落在 (6.54%，14.65%] 的概率为 74.64%，年化收益率超过 10% 的概率为 49.93%。也就是说，你不仅不会亏钱，而且有一半的概率实现 10% 以上的年化收益率。

这就是要长期定投的原因。定投时间短，不仅无法发挥消减成本的作用，而且还有可能亏损。定投五年以上，不仅不会亏钱，而且收益率比较高。

在定投基础版中，每个月固定投入一笔资金，长期持有五年以上，然后在市场情绪较高，牛市来临时卖出，就会带来不错的收益。

4.3.3 定投高级版：越跌越买，适时止盈

接下来，我们介绍定投高级版。在这种模式下，定投有两个关键点：

第一，根据基金估值水平，调整每个月的定投金额——定期不定额投入。

第二，基金处在低位时，不断买入；在基金达到高位时，分批卖出；在基金回到价格低位时，再逐渐买入。

你可能有疑问：如何判断基金的估值水平呢？

我们都知道，指数基金背后是"一篮子股票"，所以判断基金的估值与判断股票的原理是一样的。

一般来说，我们用市盈率（PE）和盈利收益率这两个指标来计算股票的估值。这套指标，适用于上市公司，其实也适合用来估算非上市公司的价值。对非上市公司来说，没有"市值"，但有"估值"。

举个例子，你看好奶茶行业，觉得这是一个很有前景的市场，准备"杀进去"。从头开始做一家奶茶店流程很烦琐，于是你决定收购一家奶茶店来运营。

这时候，有两个选择摆在你面前：

第一家店，叫作"悲茶"，主打丧文化，品牌格调很不错，很受奶茶店周边上班族的喜欢。如果收购它，要花 200 万元，上一年这家店的盈利是 15 万元。

第二家店，叫作"一滴滴"，奶茶做得很甜，受到中老年人的追捧。如果收购它，同样要花 200 万元，上一年这家店的盈利是 20 万元。

这个时候，你就可以通过比较市盈率来进行选择，看收购哪一家店更划算。

先明确一个知识点：市盈率（PE）= 市值 / 盈利。计算一下，"悲茶"奶茶店的市盈率是 13.3 倍，"一滴滴"奶茶店的市盈率是 10 倍。

看起来，收购"悲茶"奶茶店比"一滴滴"奶茶店更贵。但是"悲茶"的用户群体更年轻，品牌更有活力，长期更有活力。在这种情况下，稳健的投资者会选择"一滴滴"奶茶店，看中成长价值的投资者会选择"悲茶"奶茶店。

股票估值方法也是如此。一家处在新兴行业、增长迅速的公司，它的市盈率往往处在较高水平，比如腾讯、阿里巴巴、亚马逊这样的高科技公司，市盈率一般都在 30 倍以上。

那些行业格局出现"天花板"、经营状态稳定、盈利很难再出现大幅增长的公司，市盈率一般比较低，比如银行、消费品、钢铁、房地产等公司的市盈率就比较低。

如果是同处在一个行业，那些竞争优势大、增长势头猛的公司，市盈率就比较高。

回到奶茶店，你可能会想，如果花 200 万元买下"悲茶"奶茶店，这笔投资每年的收益率是多少呢？

一般来说，奶茶店的经营比较稳定，不会出现盈利大涨大跌的情况，我们预计奶茶店每年依然盈利为 15 万元，然后计算其盈利收益率。

盈利收益率 = 盈利 / 市值，结果是 7.5%。也就是说，你花钱买了一家生意稳健的店，这笔投资每年带来 7.5% 的回报。

如果你很细心，就可能发现一个"小秘密"：盈利收益率是市盈率的倒数。确实如此。

一般来说，只有对那些盈利稳定的公司，我们才使用盈利收益率这个指标。如果盈利快速增长或者剧烈波动，这个指标变化很快，参考价值就比较小。

总而言之，市盈率代表公司的估值水平，盈利收益率代表公司的盈利能力。

需要注意的是，同样一家公司，因为市场情绪的不同，它的市盈率会大幅变动。对投资者来说，市盈率低，说明公司的估值水平低，适合买入。

指数基金的背后是"一篮子股票"，把这套估值方法搞懂以后，我们就可以套用到指数基金上了。

每一只基金都有一个市盈率的波动范围。我们只要计算出当前市盈率，处在历史市盈率的分位点，就能判断出它是低估还是高估。

估值分位点，代表着当前估值在整个历史估值区间中的位置。比如，上证 50 指数的市盈率波动范围为 6.94~17.57。

2020 年 4 月 24 日，上证 50 指数的市盈率是 8.83，当天估值分位点是 18.68%。也就是说，当天的市盈率处在历史上 18.68% 的位置。

通过看估值分位点，可以很方便地判断出指数基金的低估值、正常估值和高估值区间。

估值处在 20% 的分位点以下，说明指数目前处在低估值区间；估值处在 20%~80% 分位点，说明指数目前处在正常估值；估值超过 80% 分位点，说明指数进入高估值区间。

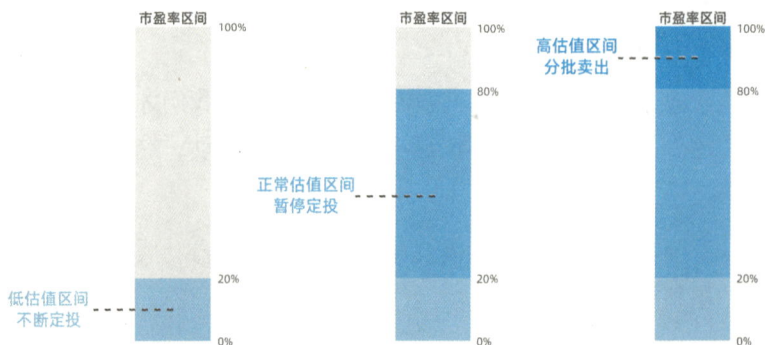

接下来，我们就可以进行相应的操作了。

首先，在市盈率处于低估值区间时，不断定投，甚至加大定投的金额。

其次，当市盈率进入正常估值时，暂停定投，这时候可以选择定投其他低估阶段的基金。

最后，当市盈率进入高估值区间时，分批卖出基金。

你可能会问：为什么是分批卖出，而不是一次性清仓呢？

因为我们无法预测市场的短期走势，虽然指数已经在高估值区间，但可能当时处在牛市初期，越来越多的人涌入，推动指数继续上涨。如果一次性全清仓，后面的增长就"享受"不到了。

因此，分批卖出，既可以预防牛市转熊市的风险，又可以避免完全踏空牛市。这是一个平衡收益与风险的折中选择。

前文介绍的指数基金都适合进行高级版定投——低位多投，正常估值区间持有，高估值期间分批卖出。

这些指数基金的市盈率在哪里可以查到呢？

第一种方法是看官网。A 股的指数，可以在"中证指数有限公司"官网找到，找到对应指数以后就可以下载市盈率数据。恒生指数、H 股指数，可以通过其官网查询。

第二种方法是用第三方统计软件。

比如，我经常用"理杏仁"这个网站看数据，能够清晰地看到各类指数的估值情况。在每个月定投的时候，我只要看一下自己关注的几只指数，就能知道最新情况了。

理杏仁网站有一点很直观，就是用颜色来标明估值水平，各个指数对应的 PE/PB 数据。蓝色框，说明当前处在低估阶段；绿色框，说明当前处在正常估值范围；红色框，说明当前处在高估阶段。

因此，最简单的办法就是定投当天，打开理杏仁网站，如果某个指数的 PE/PB 数据都是蓝色框，就买入，而且可以多买入。

类型	指数名称	市盈率估值区间	20%分位点	80%分位点	场内基金代码	场外基金代码
宽基指数	上证500指数	6.94-17.57	8.92	11.51	510710	110003
	沪深300指数	8.01-20.33	10.34	14.09	510310	110020
	中证500指数	16.03-81.44	25.92	44.05	510580	161017
	中证红利指数	6.01-16	7.69	10.24	515180	90010
	恒生指数	7.53-15.86	9.14	12.14	159920	159920
	H股指数	5.59-15.82	7.41	9.6	510900	000071
	标普500指数	12.64-26.74	16.36	23.23	513500	110031
	纳斯达克100指数	/			513100	050025
行业指数	中证消费指数	17.12-49.82	21.21	33.68	159928	161130
	医药100指数	23.07-63.14	30.46	37.44		001550

数据来源：理杏仁网，2020年4月24日
第一注：指数估值数据为2020年4月24日当天数据，仅供参考，市场不断变动，投资时请以最新数据为准。场内基金交易请在券商App办理。在对应App搜索6位数代码即可购买。场外基金可在微信理财通等处或第三方平台购买，搜索6位数代码即可购买。

如果当天指数基金处在低估阶段，那么我们想多买一些，该怎样设置金额呢？

每月投资金额 = 起始投资额 × (20% 分位点市盈率 ÷ 当天市盈率)

假设你每月 24 日定投上证 50 指数基金，起始投资额是 5000 元，上证 50 指数市盈率 20% 的分位点是 8.92。

2020 年 4 月 24 日，当天市盈率是 8.83，那么定投金额 = 5000×(8.92÷8.83)=5050。

用这种高阶方法做定投，你会在熊市买到更多的基金份额，长期来看，这样会提升你的收益。

前页图片最后两列提到的指数基金，你可以在"晨星网"或者"天天基金网"找到详细的数据。晨星是国际著名的基金评级机构，对各类基金做长期跟踪排名，并且按照一星到五星进行打分，五星基金代表最高水准。

进入晨星网之后，在右上角搜索框中输入六位数基金代码，你可以查到历年来该基金的收益表现。通过"历史最差回报"这一类数据，你还能看到它短期内波动的最大幅度，从而让你有正确的预测。

以下是易方达上证 50 指数 A（110003）在 2020 年 4 月 24 日的数据：

易方达上证50指数A当前历史回报数据				2020-04-24
	总回报	+/-基准指数	+/-同类平均	同类排名
一个月回报	7.39	2.94	2.86	—
三个月回报	-1.17	3.86	0.85	—
六个月回报	-0.93	1.44	-6.86	—
今年以来回报	-4.14	3.01	-2.70	—
一年回报	5.31	10.26	1.51	—
二年回报（年化）	12.30	12.36	9.06	—
三年回报（年化）	17.87	14.54	13.42	—
五年回报（年化）	7.34	11.93	9.18	—
十年回报（年化）	8.34	7.39	4.38	—
历史最差回报（%）				2020-03-31
最差六个月回报				23.40
最差六个月回报				27.18

从图中可知，尽管 2020 年 4 月处在熊市阶段，但这只基金在过去三年的表现总体很不错。

4.3.4　设定"远大目标"，做时间的朋友

经常有朋友问我这样一个问题：定投需要长期持续投入，这一点很难做到，有什么好办法解决吗？

我理解他们的想法。虽然做投资看似很简单，但真正做好投资并不容易。因为真正做好投资，需要与人性的弱点做对抗。

人性的第一大弱点是跟风，缺少原则。

在牛市来临时，身边的菜市场大妈都在讨论股票，同事朋友中也出现了许多"股神"。

2015 年上半年，我每次到餐厅吃饭，必然会有一两桌在讨论股票，有人谈到自己挣了几十万元得意扬扬，有人因为错过机会而惋惜不已。

遇到这种情况，有些人的第一反应就是从银行取钱"大举杀入"，买一只自己并不了解的股票。

这个时候，指数估值上涨，要减少指数基金上的投入，你需要有很大的定力。

当股市大跌时，人人避谈股票，投资成了一件特别丢脸的事。比如，2018 年下半年，那些曾经风头正劲的"网络股神"销声匿迹了。这时，你应该加大投入指数基金，但你很可能犹豫不决，不敢加仓。

巴菲特说，在别人恐惧时贪婪，在别人贪婪时恐惧。

这句话背后的深层含义就是说大众情绪不一定正确，我们不应该依照他人的行动来决定自己的判断。

人性的第二大弱点是没耐心，缺少远见。

生活在快节奏的时代，我们想要的东西，就要立刻得到它。更何况，很多自媒体不断激发人的焦虑，让你更加没有耐心。

人们总是期待短期高收益，因此付出了巨大的代价；人们总是忽视长期复利的巨大作用，因此错过了实现财富自由的机会。

我相信，当你认真看了本章内容，理解了指数基金的原理，就能比其他人更理智、更有耐心地对待投资，与时间做朋友。

为了帮你做好指数基金投资，超越人性中的跟风与没耐心，我总结了三种方法，让你更加轻松、高效地完成定投。

第一种方法：设定长期目标，按计划定投。

放在基金账户里的钱，如果经常去查看，就很容易想动手操作，特别是在市场大涨大跌时，忍不住手痒。

我们如果为基金设定一个长期目标，明确基金未来的用途，就可以改变自己的思维模式。

比如，设一个父母养老基金。人口老龄化越来越严重，你很难完全指望社保养老，提前 10~15 年，给父母构建一个养老基金是你表达孝心、未雨绸缪的最好方式。

在为养老做准备时，我建议选择中证红利指数基金。因为这类基金每年分红高，每年可以不断取出现金，适合超长期稳定持有。

比如，每月定投 4000 元，定投 15 年，按照 10% 的年化收益率计算，你的账户里就有了 168 万元。

此后，即使你不再投入，按照中证红利基金每年 4.5% 的股息率，也能分得 7.56 万元。

也就是说，你给父母定投 15 年，以后即使不再买基金，这笔钱每年的"分红"就有 7.56 万元，而且本金还会不断增长。

对我们自己来说，可以根据人生目标，设定相应的基金计划。假设你 22 岁毕业，在二线某省会城市工作，你可以设一个"买房基金"。

每个月定投 3000 元，定投 6 年，如果按照 11% 的年化收益率计算，你的账户就有近 32 万元，可以用来它做买房首付了。

对年轻人来说，承受风险能力比父母更强。我建议构建"大盘指数 + 中小盘指数"的组合，如"上证 50 指数 + 中证 500 指数"或者"沪深 300 指数 + 中证 500 指数"。这样既平衡了风险，又能享受到高增长的收益。

此外，你还可以设一个"孩子教育基金"。如果你的孩子刚上小学，可以和他商量，从他每年的压岁钱中，取出一部分，每个月分批做定投。

假如每个月定投 2000 元，定投 12 年，就可能获得 56 万元。

与此同时，这也是一项很好的"财商培养"计划，你可以清晰地向孩子展示"储蓄＋复利增长"的方式会让财富"滚雪球"。等他进入社会，这项认知会帮他建立特别好的先发优势。

第二种方法：采用"智能定投"功能，降低决策难度。

做任何一件有价值的事，先上手最重要，等到掌握一定的经验后，再不断优化。

买指数基金也是这样的。在最初阶段，我不建议设定特别复杂的计划。如果那样做，每次操作就要花上很多时间，一旦弄错了，就会让自己心情沮丧。

我建议最初一两年，用各种平台的"自动定投"功能，开通银行卡自动扣款功能，不用自己费心操作。

在操作时，你会发现，有些平台的自动定投功能，不仅可以按月投，还可以按周投，这两个定投方式影响大吗？

如果你做长期投资，这两种不同的定投方式，对收益率几乎没有影响。我建议设定按月定投，定投日可以设置为工资到账的第二天。每个月到手的工资，先投资再消费，这样就能不断为你的人生积攒"燃料"。

现在，很多平台不断优化功能，推出各种"智能定投"功能，还有些平台，按照指数基金的估值水平在一定范围内调整定投额度。

比如，你可以设置一个 3000~5000 元的定投范围，指数基金处在低估值区间时，它会多投；指数基金处在高估值区间时，它会少投，甚至不投。

类似的"智能定投"功能，你可以看一下详情介绍，然后再考虑用不用。如果是按照估值水平来调整额度的，就可以考虑用它。

你设置好自动定投，每个月投一笔 5 年内不会用到的闲钱，以后就很省心了。你不需要天天看市场大盘，也不需要计算定投额度，就像坐上了一趟高速列车，不断向前跑。

第三种方法：根据具体情况选择红利使用方式。

刚才我们提到有一些指数基金的分红很可观，比如中证红利指数基金。如果你买场内基金，这些分红会自动转到股票账户上。你可以将这些钱转到自己的银行账户，也可以用来购买其他资产。

如果你在场外渠道，比如理财通、支付宝上买基金，一般分红有两种选择：一种是自动将分红用来购买基金份额；另一种是将现金分红打到基金账户上。

我的建议是：当基金处在低估值区间时，选第一种分红方式，这样就能不断享受复利的收益；当基金处在正常估值及高估值区间时，选第二种分红方式，等基金处在低估值区间时，再将这些现金用来购买更多的份额。

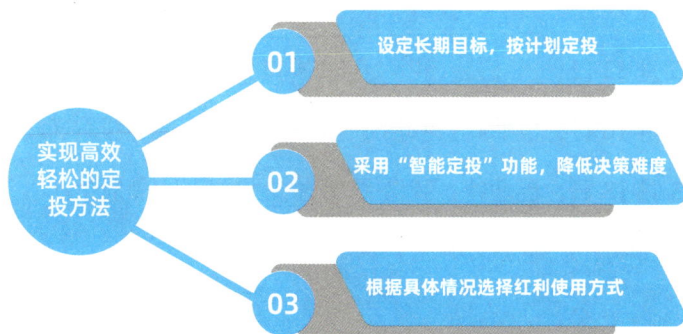

実现高效轻松的定投方法

- 01　设定长期目标，按计划定投
- 02　采用"智能定投"功能，降低决策难度
- 03　根据具体情况选择红利使用方式

4.4 资产配置：免费午餐，帮你"熨平"投资波动

我们一直强调，买入指数基金，至少需要持有 5 年。

但有个问题难以回避，那就是持有过程中的波动。比如，A 股市场，大涨大跌很常见，因此你投入到基金中的资产也会大幅波动。

即使是相对成熟的"美股"，也不能避免剧烈波动。在一个较长周期内，总会遇到你无法预测的意外。

2020 年新冠肺炎疫情发生后，对资本市场造成了严重的影响。2020 年 2 月 3 日，A 股市场在疫情后首度开市，当天沪指跌幅达 8%。

随着疫情在全球的蔓延，2020 年 3 月是"美股"有史以来最动荡的一个月：10 天四次熔断，3 天暴涨 20%。

所谓熔断就是指跌幅超过一定比例，证券市场暂停交易一段时间。

网上盛传一个的"美股"熔断的段子：

3 月 8 日，巴菲特：我活了 89 岁只在 1997 年见过一次美股熔断。

3 月 9 日，巴菲特：我活了 89 岁只见过两次美股熔断。

3 月 12 日，巴菲特：我活了 89 岁只见过三次美股熔断。

3 月 16 日，巴菲特：我活了 89 岁只见过四次美股熔断。

3 月 18 日，巴菲特：我活了 89 岁只见过五次美股熔断。

巴菲特：我还是太年轻了……

2020年3月美股三大指数收盘涨跌数据

日期	涨跌幅（%）道琼斯工业指数DJi.GI	涨跌幅（%）纳斯达克指数IXIC.GI	涨跌幅（%）标普500SPX.GI	备注
2020-03-02	5.0925	4.4915	4.6039	暴涨
2020-03-03	-2.9431	-2.9946	-2.8108	大跌
2020-03-04	4.5277	3.8461	4.2203	暴涨
2020-03-05	-3.579	-3.0992	-3.3922	大跌
2020-03-06	-0.982	-1.8651	-1.7054	大跌
2020-03-09	-7.7857	-7.2874	-7.597	第一次熔断
2020-03-10	4.8935	4.9501	4.9396	暴涨
2020-03-11	-5.8555	-4.7002	-4.8868	大跌
2020-03-12	-5.8555	-9.4347	-9.5113	第二次熔断
2020-03-13	4.8935	9.346	9.2871	暴涨
2020-03-16	-5.8555	-12.3213	11.9841	第三次熔断
2020-03-17	-5.8555	6.2305	5.9955	暴涨
2020-03-10	4.8935	-4.7028	-5.1831	第四次熔断
2020-03-19	-5.8555	2.2996	0.4708	暴涨
2020-03-20	-5.8555	-3.7907	-4.336	大跌
2020-03-23	-5.8555	-0.274	-2.9294	大跌
2020-03-24	-5.8555	8.1215	9.3828	暴涨

当你投入在基金的资产达到一定量级以后，这种大跌会对你的心理造成巨大的影响。

人类有厌恶损失的习惯，因此可能造成错误的决策。比如，投资者的基金持仓20万元，一天跌掉2万元，市场一片哀号。这时候，投资者很可能忍不住"割肉"。

如果投资者有定力、有耐心，完全忽视这种市场波动，有闲钱的话，还能在这种暴跌中加仓。比如，2020年2月3日，我就额外买了一些上证50指数基金。

但是，如果你接触投资的时间不长，难以克服人性的弱点，那建议你做好资产配置，帮助你穿越周期波动，获得更好的投资体验。

4.4.1 重点关注的四大类资产

哈里·马科维茨是金融经济学的先驱，1990 年他获得诺贝尔经济学奖。他提出资产配置理论，还说过一句名言：

资产配置是投资市场上唯一的免费午餐。

什么是资产配置呢？它就是同时投资不同的大类资产，这些资产之间相关性很低，从而能降低整个投资组合的波动，分散风险。

具体来说，大类资产包括现金、股票、债券、房产、黄金等。

对普通人来说，有四类资产值得重点关注，用来构建投资组合。

第一类：现金及等价物。

不论是现金，还是银行里的活期存款或者货币基金，它们都具备极强的流动性，不过收益率很低。

每个人都应该建一个"备用金账户"，即配置 6 个月的现金。因为人生难免有意外，如遇到失业、家庭成员生病等情况，现金是最好使的。

思想家塔勒布提出"黑天鹅"的概念——过去，人们一直以为天鹅都是白色的，直到看见第一只黑天鹅。

在日常生活中有很多"黑天鹅事件"，它们事前难以预测，一旦发生，就会产生巨大的影响。

2003 年非典、2008 年金融危机、2020 年新冠肺炎疫情等，每一代人都会遇到"黑天鹅事件"。唯一确定的，就是不确定性本身。

未来，随着全球格局的变化和新技术对社会秩序的冲击，"黑天鹅事件"会越来越频繁。

因此，保持"冗余"，适当准备现金是我们必须牢记的理财原则。

第二类：房产。

从世界范围来看，房产都是极其重要的资产。过去 20 年，在中国买房的群体，是享受到最多红利的人。

关于房地产市场的未来，争论非常多。看空和看多的两派人，吵得不可开交。

如果你想让自己的财富保值，房产是一个绕不开的话题。但是，只有搞懂了房产的本质逻辑，才能在未来找到好的投资机会。我们将会在本书第 5 章详细讨论这个话题。

第三类：股票。

不论在中国还是在美国，股票类资产作为一个整体，长期收益率还不错。

未来，随着中国证券市场的改革，A 股机制将更加完善，也会加速股票的"优胜劣汰"，A 股的整体投资回报将越来越好。

对投资新手来说，选择某一只股票的难度太高，最好的方式就是买指数基金。

在经济快速发展、通货膨胀率高的阶段，股票市场的整体表现最亮眼。

第四类：债券。

债券也是一类重要的资产，债权人向他人出借了一笔钱，就会得到债券作为凭证。

债券有很多种，按照不同的发行主体可划分为：国债、地方政府债券、金融债券、企业债券。比如，美国国债，就是美国政府向外界借钱，企业和个人都可以购买的债券。

对个人投资者来说，直接买债券的门槛很高，最好的方式是购买债券基金。

A 股的债券基金，主要分为纯债基金和混合债券基金两类。

纯债基金就是只投资债券市场，基金名称中会有"纯债"两个字。根据投资期限的不同，它可以分为中长期债券基金和短期债券基金，前者占了大多数。

最近几年，债券指数基金也开始出现。它的原理和股票指数基金类似，投资标的很分散，总体风险很低。

另外，债券指数基金管理费更低，比如主动型债券基金管理费率一般在 1% 左右，而债券指数基金管理费率在 0.3% 左右，甚至有些会更低。

　　混合型基金，代表着除了投资债券，还会投资一定比例的股票。一般来说，这类基金是从二级市场上直接购买股票。

　　目前，国内债券基金有几千只。其中，中长期纯债基金数量最多，达到 65% 左右；其次是二级混合债券基金，大约占 20%。短债基金和债券指数基金占比分别不到 10%。但是，债券指数基金的数量和规模增长非常迅速，未来会越来越受关注。

　　与股票型基金相比，债券基金收益率整体更低，优秀的债券基金的收益率可达 5% 左右。但是，债券基金整体波动小，更稳定，适合作为投资组合的"压舱石"。

　　当经济不景气，甚至经济萧条时，股票市场整体受挫，而债券基金的表现会非常突出。

　　当通货膨胀严重，利率低时，债券基金的收益率就不高，这也是我们要进行资产配置的原因。

　　在做资产配置时，我建议购买纯债基金。因为我们通过买股票型指数基金，已经配置了股票资产。

　　除此之外，债券基金还有一个功能，就是用来放中短期的资金。

　　半年内要用的钱，放在货币基金中；超过半年，但在三年内有明确用途的钱，如买房、结婚等，放在债券基金中；三年以上不用的闲钱，可以投资到股票型指数基金中。

　　市场上债券基金很多，该怎么挑选呢？整体原则是挑选成立时间长、资金规模大、收益率跑赢市场平均水平的基金。

　　具体来说，我们可以通过"晨星网"来挑选债券基金。

第一步，进入晨星网。

第二步，单击首页"基金筛选器"功能。

第三步，在筛选页面中，勾选三年和五年评级都在三星以上的基金，同时选择"纯债基金"，单击"查询"按钮。

这时候，不仅可以选出符合条件的基金，而且有排名。你可以购买排名第一的基金，也可以把钱分散购买排名前三名的基金。

比如，华泰柏瑞季季红债券 000186、易方达高等级信用债债券 C（000148），就属于长期表现不错的债券基金。

你可能注意到同一个债券基金，经常分为 A、B、C 三类，它们之间有什么区别呢？

其核心区别就在于交易费率：A 类代表前端收费，即在购买时收申购费，赎回环节不收费；B 类代表后端收费，即在申购时不收费，在赎回时根据持有时间长短按不同费率收取；一般是持有时间越长，费率越低；C 类是申赎环节均不收费，代表管理费收费模式，即按天以一定比例收取管理费。

在投资时，我们具体该怎么选择呢？

A

A类债券基金

前端收费。适合购买基金金额很大的投资者。

B

B类债券基金

后端收费。适合购买金额不大，但持有周期很长的投资者。

C

C类债券基金

申赎环节均不收费。适合购买金额不大，持有时间不确定的投资者。

一般来说，A 类适合购买基金金额很大的投资者，成本最低；B 类适合购买金额不大，但是持有周期很长的投资者；C 类适合购买金额不大、持有时间不太确定的投资者。

对投资新手来说，我建议买 C 类债券基金。比如，易方达高等级信用债债券有易方达高等级信用债债券 A（000147）和易方达高等级信用债债券 C（000148）两个选择，直接买第二个。

在各类投资 App 中，输入基金名称或者六位数基金代码，就能找到对应的债券基金。

4.4.2　股债平衡操作指南

我们介绍了四类最重要的资产投资，只要掌握这四类资产投资，财务就可能走上了"快车道"。

现金方面，我们随时存好 6 个月生活备用金。如果你性格稳健，甚至可以准备一年的生活备用金。关于房产，具体策略我们会在下一章中介绍。

在日常投资中，股票和债券的资产配置和再平衡非常重要。具体来说，我们进行"股债平衡"有两大优点：

首先，这两种资产的相关性不强，有利于分散波动，降低风险。当股票市场大跌的时候，如果全仓股票基金，压力就会很大；如果有一部分配置在债券基金上，资产组合的下跌幅度就会很小。

其次，在不同的经济环境下，这两种资产的表现差别很大。当经济景气时，股票表现好；当经济衰退时，债券表现好。因此，如果同时持有两类资产，就会让人在不同的环境下都进退自如，心态更从容。

那么，股债平衡具体该怎么进行呢？

01 设置"股债配置比例" ➡ 02 按比例进行"定期投资" ➡ 03 每隔一年"股债再平衡" ➡

第一步，设置"股债配置比例"。

假设每个月有 1 万元用来投资，如果用 7000 元买股票型指数基金，用 3000 元买债券型基金，那么股债平衡比就是"7∶3"。

如果你年纪轻，更看中收益率，能够承受更多的波动，那么股债配置比例达到 8∶2 和 7∶3，都是可取的。

如果是相反的情况，比如你接近退休年龄或者性格比较保守，那就可以设置更稳妥的平衡股债配置比例，如 6∶4，5∶5，4∶6。

换句话说，当你的年龄变大或者家庭风险承受能力发生变化时，可以适当调整自己的股债配置比例。

第二步，按比例进行"定期投资"。

假如你设置 6∶4 的股债比例，每个月的收入除掉开支，还剩 1.3 万元。你可以选择把 3000 元放在货币基金或者银行账户里，用来充实你的"备用金账户"。

然后，剩下的 1 万元：6000 元用来买指数基金；4000 元用来买债券基金。

第三步，每隔一年进行"股债平衡"。

按照这样的步骤进行一年，你在股票型指数基金中投入本金 7.2 万元，在债券基金中投入本金 4.8 万元。

但这个时候，你的账户里，随着股票市场和债券市场的波动，这两类的资产比例不再是 6∶4。

假设过去一年是牛市，你买的股票型指数基金如今市值变成 8.5

万元；债券基金表现一般，市值增长为 4.9 万元。

这个时候，你的资产组合总市值为 13.4 万元。你要进行资产再平衡，让股票和债券的比例重新回到 6 ： 4。也就是说，股票市值要变成 8.04 万元，债券市值要变成 5.36 万元。

也就是说，你需要卖出 0.46 万元的股票型指数基金，买入 0.46 万元的债券基金。

这种操作背后，符合"低买高卖"的投资逻辑。股票上涨，说明市场的估值水平变高，接下来就有可能"均值回归"，进入下跌通道，这个时候卖出，相当于"落袋为安"。

如果过去一年股票市场跌得很惨，到年底时，你应该把债券基金卖掉一部分，拿去买股票型指数基金。这个时候，股票的估值低，你相当于"抄底"了。

因此，资产再平衡相当于用一条铁的纪律，阻止了我们人性中"追涨杀跌"的弱点，帮助我们"在他人贪婪时恐惧，在他人恐惧时贪婪"，从而在远期获得超额的收益。

看到这里，你可能会想：资产再平衡的周期为什么是一年呢？可以是半年吗？

其实，这两种操作思路都可以，只不过半年再平衡比较麻烦。投资新手刚起步时，我建议选更简单的方法。

在和朋友介绍股债平衡策略时，我经常遇到一种情况：现在手头有一笔闲钱，比如 10 万元，想用来投资，该怎么做呢？

首先，依然是根据个人情况，定下股债平衡比，假设是 7 ： 3。

接下来，按照比例分配资金，分配 7 万元到股票型指数基金中，分配 3 万元到债券基金中。

然后，债券基金，你可以一次性买入某只筛选好的基金。但对分配到股票型指数基金的钱，建议可以分为 12 份，每个月买入一份。

这样做的原因是股票型基金的波动大，通过把一笔钱分成定投的方式，可以降低你万一选错时间节点的风险。

假设你刚好在牛市高点，一口气把钱全投进去，要取得不错的收益，就可能要等待很长的时间。

在本章中，我们详细介绍了基金的优势，挑选基金的方法。这是一条适合普通人且省时省力的投资道路。通过这种方式，你能最大限度地利用手头的闲钱，随着时间推移，积累"第一桶金"。

接下来，我们介绍房产投资，这是投资的必经之路。

第 5 章

买房，普通人最重要的投资决策

房产投资中最重要的三件事：位置！位置！！位置！！！

——哈罗德·萨缪尔

5.1　房产让财富保值增值

从来没有一件事，像买房这样紧紧牵动着国人的心。

很多人在相亲时，比较关心房产问题；在网上，关于房价的话题，总能引发热烈的讨论，每隔一段时间，"房价要暴涨""房价快暴跌"就会成为热帖。

为什么房子这么牵动国人的心？因为它关系到人生大事。

第一件事是身份。房子与土地，不仅是普通的商品，还寄托着很多人的安全感，也代表身份地位，成为很多人追求的目标。

在如今的婚姻关系中，这样的因素更是被放大。人们开玩笑说，丈母娘是推动房价上涨的重要动力。

第二件事是居住。房子是用来住的。房子越好，人住得就越舒服。追求更好的生活条件，是每个人的天性。

各种因素夹杂在一起，让买房变成了一件特别复杂的事。有人说，如果你想得罪某个朋友，最好的方式就是和他讨论买房或中医。这两个话题，很容易产生极端观点，甚至让人反目成仇。

不过，不论你现在经济状态怎样，只要你有买房的刚性需求都要认真考虑买房，并提前做好准备。看清房价背后的财富逻辑，跟紧时代趋势，抓住机会，这是普通人一生中最重要的财务决策。

最近，朋友聊到她过去的经历。2000 年，她在外企工作，单位帮忙集资买房，交 8 万元就能买下一套北京三环某处的一居室。她分析一番后入手了一套房子。

她有一位同事，人很聪明，精打细算，为了获得更多的利息，把存款在很多银行之间来回倒腾，对各种商家优惠活动了如指掌。这位同事尽管能拿得出 8 万元，却非常犹豫。

第一，这笔钱在当时并不算小钱，更何况对精明的她来说，一次性拿出来肯定舍不得；第二，当时这个房子的房产证怎么办，还没有定数。纠结再三，这位同事最后没有买房。

现在，她依然没有买房，和父母住在一起，仍然来回把钱在各种平台之间转来转去。当年那套 8 万元的房子，如今至少价值 300 万元。

一套房子，不仅总价高，还涉及贷款，如果买得好，就会让家庭财务状态上一个台阶；如果没选对，或者一直不买房，不论你怎么省吃俭用，最后的财务状态也不一定乐观。

5.1.1　发现房地产发展的规律

根据学者的研究，房价的走势主要由"三驾马车"共同驱动——经济增长、城市化、货币超发。

1. 经济增长：人均收入水平大幅提高，改善居住条件

当经济处在向上通道时，人均收入水平大幅提高，人们在居住条件上愿意花的钱越来越多，一方面有改善居住条件的意愿；另一方面有能力改善居住条件，因此经济增长就会推动房价上涨。

与此同时，房子不仅是居住场所，还承载着很多公共资源。

比如，医疗、教育、商业等这些资源，或多或少都与房子有关联。随着经济的发展，"资源品"的价格一路上涨，房子这一承载物的价格也水涨船高。

很多人以为，房价飙涨是一个独特的中国现象。实际上，并非如此，在经济快速增长的过程中，许多国家和地区都经历过房价快速上涨，发达国家和发展中国家都不例外。

从第二次世界大战结束到 2016 年，这 70 多年里，14 个发达国家的房价平均年增长率为 6.6%。这个速度非常快，直接导致房价累计上涨超过 90 倍，即使扣除通货膨胀因素之后，上涨幅度也有 4 倍多。

2. 城市化：大多数人都想去的地方，僧多粥少

工业革命以后，城市发展越来越快。因为城市选择机会多，生活条件舒适，所以各国都先后经历了城市化浪潮。

由于历史原因，中国的城市化进程开始得比较晚。1990 年以前，大多数中国人居住在农村。随着现代工业的发展，以及经济的腾飞，城市化不断加快，越来越多的人从小村来到小镇，从小镇来到小县城，从小县城来到大城市。

大多数人想去城市，在城市里拥有属于自己的房子，但城市空间有限，因此房价就一路飞奔。

你可能会想："城市周边有很多土地，为什么不增加土地供应量，多盖一些房子，这样房价不就下来了吗？"

这种想法看上去有道理，实际上不符合逻辑。城市的资源，往往集中在核心区域，人们的生活半径不可能离这个区域太远。对大多数人来说，单程上班路上花费时间超过一个半小时，几乎就是通勤极限。

商业越发达的地方，人们越追求效率，毕竟"效率就是金钱"，而资金、信息资源集中度及人口密度越高，则效率越高。因此，在发达城市，资源的集中度很高，核心区域的人口密度，往往是非核心区域的几倍，甚至数十倍。

比如，北京的金融公司集中在金融街，IT 产业集中在中关村；上海的金融公司扎堆陆家嘴，高科技公司主要在张江科技园；深圳的金融公司大多在福田，互联网公司一般在南山科技园附近。这些地方，往往是房价最高的地段。

因此，决定房价的不是土地，而是位置。我们可以增加土地供应量，但无法凭空增加好位置。增加的土地往往在城市边缘，"远水解不了近渴"。随着经济的发展，城市中心的房价依然会不断走高。

一个城市的地理区域很大，但一个城市的"好地段"并不多。因此，英国地产大亨哈罗德·萨缪尔爵士曾说，房产投资最重要的三件事，分别是地段！地段！！地段！！！李嘉诚也说过类似的话。

根据国家统计局的数据：2019 年，中国的城镇化率突破 60%，与发达国家城市化率相比，依然有很大的空间。

3. 货币超发：房产用来保值

货币超发是指货币总量增长超过 GDP 的增长。在全球范围内，货币超发都是普遍存在的现象。

比如，某个小岛，财富总值是 1 万条鱼，上一年货币总量是 1 万元，1 元就能买一条鱼。

如今，整个岛屿的财富总值增长为 1.1 万条鱼，但货币总量变成了 1.2 万元。在这种情况下，1 元钱就只能买 0.92 条鱼。

这只是一个粗糙的类比，但揭示出一个道理——货币超发以后，单位货币的购买力下降，钱贬值了。

在货币超发的情况下，如果你不持有增值保值的资产，而是留着现金，虽然看上去现金总价没有变，但通货膨胀导致你的财富"缩水"了。

从全球来看，大都市圈的房地产，确实是少数几项能跑赢"印钞机"的资产。

我们来看几组数据：

- 在美国，1975—2017 年，洛杉矶—长滩—格伦代尔分区房价年均增长率为 6.6%，跑赢同期 6.4% 的 M2 增速。
- 在英国，1995 年 1 月至 2018 年 3 月，大伦敦及周边地区房价上涨 4~5 倍，明显分别高于该时期英国名义 GDP 和 M2 余额增幅的 1.6、3.5 倍。
- 在日本，1975—1991 年六个核心城市地价年均增长率为 11.2%，其他城市地价年均增长率为 6.4%，同期 M2 年均增长率约 9%。

需要注意的是，1975 年以后，这些发达国家基本完成了城市化，房价增长主要来自经济增长和货币超发。

5.1.2 中国房产的未来

经过分析，我们发现，中国房价过去的上涨并不是一个独特故事，而是符合全球发展的普遍规律。韩国、马来西亚、巴西、俄罗斯、南非等，随着经济的增长，房价也快速上涨，幅度不比中国小，速度不比中国慢。

那么，当前中国的房价到底到了什么阶段呢？接下来，中国房价将怎么走呢？

我们来看刚才提到的"三驾马车"：

第一，经济增长：中国经济已由高速增长阶段转向高质量发展阶段，相比过去，增长速度会变慢，但大概率会保持每年 6% 的增速。

第二，城市化：城市化进入新阶段，空间依然很大。不过，与过去人们从农村来到城市不同，越来越多的人向大城市迁徙。

第三，货币超发：从发达国家的经验来看，M2 增速超过 GDP 增速是长期现象。

如果用一句话来概括，中国房地产市场正从"黄金时代"走向"白银时代"。

即使在城市化接近完成的发达国家，房价增速仍然在 6% 以上，按照三成首付来计算，买房的年化收益率仍然能超过 14%。与这些国家相比，中国城市的总体发展远远没有遇到"天花板"。

在这种情况下，你尤其需要关注的是不同区域的房价分化。这一趋势，已经慢慢显现出来，只是大多数人还没有注意到。

根据徐远教授的研究，2013 年以前，大、中、小城市都有人口流入，而 2013 年以后，只有大城市还有稍微明显的人口流入。

人口流动的背后意味着就业机会、经济增长的模式已经发生变化。大城市的前景值得长期看好。

过去 10 年，中国三四线城市，迎来了一波"棚改"。棚改就是将旧房子拆了，然后建新房子，拆迁户获得赔偿。

我家在江西上饶，一个四线城市，有人刚知道房子要被拆迁以后，就不工作了，整天打牌。

拆迁户拿到赔偿款，没有特别好的投资渠道，就开始买新房，因此，这些城市的房价被推着不断走高。

我在老家给父母买的改善型住房。2017 年 10 月买的房子，均价每平方米为 3800 元，一年半以后，单价涨到了将近 8000 元。

虽然价格涨了，但我清楚地知道：这种上涨并不是健康的增长。

三四线城市，人口长期流出，平时大街上冷冷清清，只有到春节时才会热闹。当地缺少大公司、大产业，人们的收入水平没有太多变化。与此同时，房地产商不断盖房，大量的楼房都空置着。

任何商品的价格，短期会因投机需求带来波动，但长期必然遵循"供求关系"。三四线城市的房价虽然短期有一波上涨，但长远来看，已经没有多少空间了。

2019 年，全国棚改计划规模为 285 万套。这一数字，远远低于 2018 年的实际开工量 626 万套，说是"腰斩"也不为过。曾经轰轰烈烈的棚改大潮，正在走向拐点。

未来，在三四线城市买房的唯一考虑，就是居住需求。为了让家里过更好的生活，可以买房子、换房子；但如果为了投资，就要谨慎了。

在买房前，你如果多问问中介，就会知道这些城市的二手房交易非常冷清。在网站上，很多没装修的二手房挂着，但半年甚至一年都没有卖掉。价格涨了，但房子卖不出去，说明高价只是"虚火"。

千万要记住，买房不等于挣钱。如果我们把眼光放远一些，看看美国、日本这些国家的经验，很多城市的房产价格长期没有增长，甚至变得无人问津。

在底特律，这座曾经的汽车之城，因为汽车产业衰退，很多人离开，许多房子都被抛弃。在日本，许多人去世以后，他们的房子，甚至连孩子都不想继承。继承不仅可能要缴纳一大笔税，而且房子每年的持有成本也很高。

这些发达国家的状况，值得我们借鉴与学习。目前，中国不同区域的房价已开始大分化，我们该到哪里买房呢？在接下来的章节中，我们来解答这个问题。

5.2　选对城市，就是选对未来

在一个城市买房，相当于买了这座城市的"股票"。城市发展得越快、前景越好，"股票"的价格也随着增长。

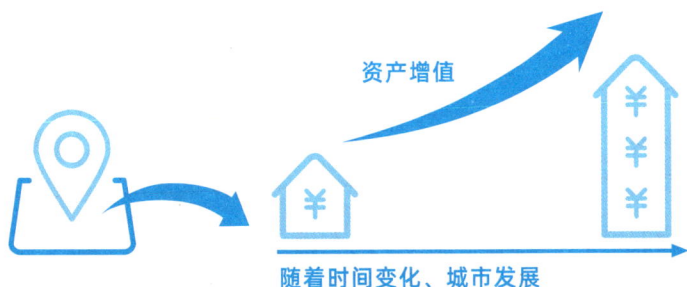

资产增值

随着时间变化、城市发展

买股票要考虑企业的"基本面"，买房同样如此。一个城市的基本面，决定了房价的长期走势。衡量房价的"基本面"，可以从六大指标入手。

5.2.1 选城市的"六大指标"

六大指标

- 01 城市规模及增长速度
- 02 人口流入
- 03 人均收入
- 04 财政收入
- 05 上市公司数量
- 06 土地供应

1. 城市规模及增长速度

一个城市的规模，代表了它吸取资源的能力和城市管理水平。城市规模一般用 GDP 总量来衡量。

每个城市的 GDP 总量可以通过国家统计局公布的数据来进行了解。

很多人会问："大城市人口密集，生活压力大，以后是不是人口会流出呢？"

我们先来看看国外的规律，不论是美国还是日本，在城市化中后期，人口持续向大都市聚集。

美国城市化率在 1910 年达 51.2%，1940 年达 56.5%、与中国当前状态比较接近，1970 年达 73.6%，2010 年达 80.7%。

1940 年以后，人口超过 100 万的美国城市，人口数量持续增加。

日本同样如此，还出现了"强者愈强"的状态：东京圈不断吸纳大阪圈、名古屋圈的资源与人口。

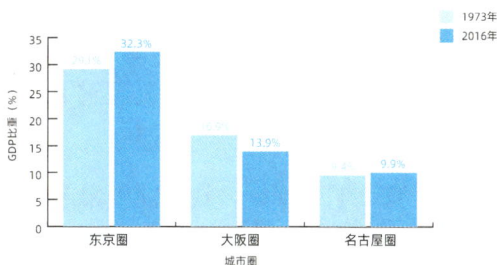

1973—2016年日本三大城市圈GDP占全国比重的变化

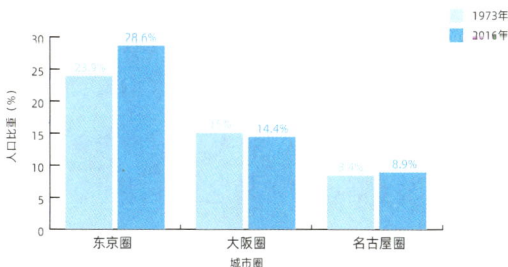

1973—2016年日本三大城市圈人口占全国人口比重的变化

1973 年，东京圈、大阪圈、名古屋圈 GDP 占日本全国比重分别为 29.1%、16.9%、9.4%；人口分别为 2607 万人、1636 万人、918 万人，占比分别为 23.9%、15%、8.4%。

接下来，由于东京圈收入高且经济持续增长，东京圈人口继续保持净流入状态，名古屋圈人口略有流入，大阪圈人口基本处于净流出状态。

到 2016 年，东京圈、大阪圈、名古屋圈经济份额分别为 32.3%、13.9%、9.9%，分别比 1973 年变化 3.2%、-3.1%、0.5%；

人口分别为 3629 万人、1831 万人、1134 万人，占比分别为 28.6%、14.4%、8.9%，分别较 1973 年变化 4.7%、–0.6%、0.5%。

大城市有种种毛病，但大城市汇聚了政治、经济、文化、教育、医疗等资源，工作机会多，服务水平高，生活更方便，因此人们在权衡一番以后，综合考虑，还是源源不断地跑向大城市。

上海交通大学陆铭教授长期研究城市化。他判断，中国一线城市的人口远远没有到"天花板"，人口超过 100 万人的城市也远远没有到饱和程度。

很多人反对大城市扩大规模，希望能够发展中小城市。这种想法，出发点很好，认为每个省份应该差不多。但是，追求不同省份 GDP 总量均衡没有意义，不符合规律，只会浪费资源。

正确的做法是追求人均 GDP 的均衡。沿海发达城市，工业和服务业有聚焦效应，人多些也没关系。偏远地区，如果以农业和旅游业为主，最好的发展办法是提升人均 GDP，而不是强留人。

发展的理想结果是各个省份的人均 GDP 差不多，这样就实现了公平。因为不论你生活在沿海地区，还是生活在西部地区，生活的幸福感都会差不多。

如果你考虑房产，越大的城市，房价就越有增长空间，已经是一个各国验证过的普遍规律。

2. 人口流入

不论人们嘴上说什么，牵涉到自身利益时，人们都会慎重选择。越多人去的城市，说明它的吸引力越大。人越多，对房产的需求就越旺盛。

评估城市的人口流入，非常简单，直接看数据。

10城常住人口变动（2012—2017） 　　　　　单位：万人

城市名称	年份					
深圳	1253	1191	1138	1077	1063	1055
广州	1450	1404	1350	1308	1293	1284
天津	1557	1562	1547	1517	1472	1413
重庆	3048	3048	3017	2991	2970	2945
北京	2171	2173	2171	2152	2115	2069
郑州	988.1	972.4	956.9	937.8	919.1	903.1
武汉	1091	1077	1061	1033	1022	1012
长沙	791.8	764.5	743.2	731.2	722.1	714.7
成都	1604	1485	1466	1443	1430	1418
杭州	946.8	918.8	901.8	889.2	884.2	880.2

从 2012 年到 2017 年，中国新增人口数的一半增加在了 28 个城市里。

在这 28 个城市中，10 个最突出。深圳、广州、天津、重庆、北京、郑州、武汉、长沙、成都、杭州，过去 5 年人口增长超过 60 万人。

3. 人均收入

一个城市的人均收入很重要。它既影响人们对居住的需求，同时也是决定购买力的关键因素。

衡量收入水平，可以有多个指标：人均储蓄总额代表财富的存量；人均每年可支配收入代表居民每年有多少钱可用于消费投资。

从下图中，可以看到各个城市居民的收入情况。北上广深等一线城市以及长三角地区的城市表现尤为突出。

2018年主要城市居民收入排行榜

排名	城市	绝对值（元）	名义增速/%	城市性质
1	上海市	64183	8.8	直辖市
2	北京市	62361	9	直辖市
3	深圳市	57544	8.7	经济特区、副省级
4	苏州市	55476	9.6	地级市
5	广州市	55099	8.6	（副省级）省会
6	杭州市	54348	9.1	（副省级）省会
7	南京市	52916	10.1	（副省级）省会
8	宁波市	52402	8.6	副省级
9	厦门市	50948	9.3	经济特区、副省级
10	无锡市	50373	8.4	地级市
11	佛山市	49630	8.3	地级市
12	绍兴市	49389	9	地级市
13	舟山市	49217	8.9	地级市
14	东莞市	49087	8	地级市
15	珠海市	48007	9	经济特区（地级市）

4. 财政收入

财政收入这个指标，值得我们认真了解。很多城市的财政数据一般很靠谱。真正经济好的城市，财政状况都不错。

只有财政收入好，才有更多钱用来做基础设施建设，搞教育、搞医疗，培育新兴产业，吸引优秀人才。

5. 上市公司数量

很少有人关注上市公司数量这个指标，但其实它很重要。这个指标有多个优点：

- 相比 GDP 和财政收入，上市公司数量更能反映区域真正的经济活力。
- 上市公司不仅创造极少数富豪，更创造大量"高薪人群"，这些人群是购房主力。

- 上市公司多的地区，法制、政策等各种环境更友好，对人才更有吸引力。

以下是截至 2018 年 5 月，Wind 的数据：

A股上市公司总市值区域分布（单位：亿元）

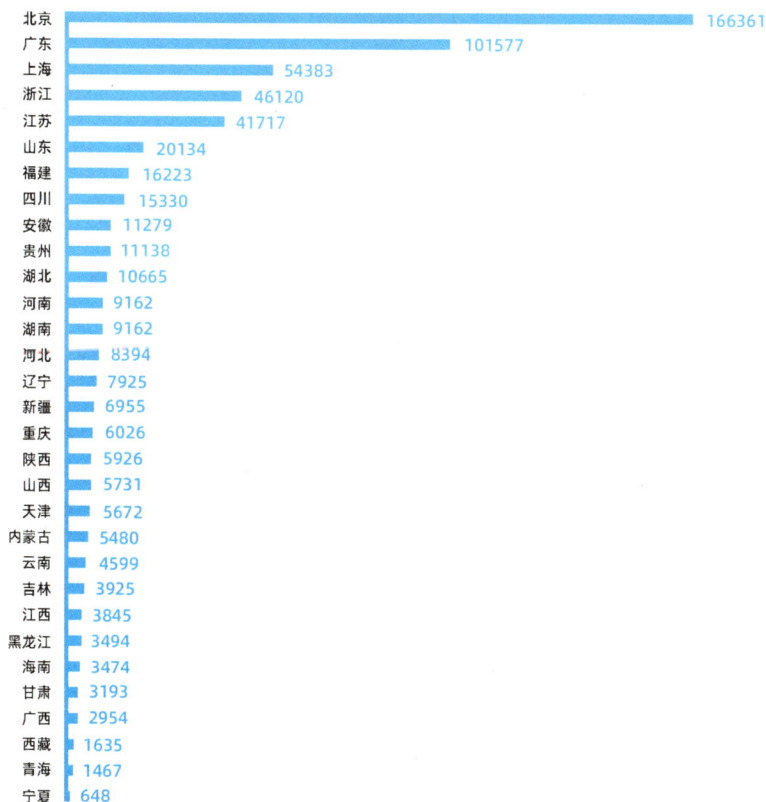

地区	市值
北京	166361
广东	101577
上海	54383
浙江	46120
江苏	41717
山东	20134
福建	16223
四川	15330
安徽	11279
贵州	11138
湖北	10665
河南	9162
湖南	9162
河北	8394
辽宁	7925
新疆	6955
重庆	6026
陕西	5926
山西	5731
天津	5672
内蒙古	5480
云南	4599
吉林	3925
江西	3845
黑龙江	3494
海南	3474
甘肃	3193
广西	2954
西藏	1635
青海	1467
宁夏	648

上面数据体现的是上市公司总市值，还可以从上市公司数量来看：

- 拥有上市公司最多的省份为广东，截至 2018 年 5 月，该省上市公司达 577 家，占全国的 16.42%，位居全国首位。
- 紧随广东之后的是浙江。截至 2020 年 5 月 3 日，该省上市公司数量达 421 家，占全国的 11.98%。

珠三角地区、长三角地区、北京是中国上市公司最集中的地方。珠三角地区不仅上市公司总量有优势，而且经济集中度比较高。珠三角地区以深圳、广州为核心，长三角地区有上海、浙江、江苏三足鼎立。

6. 土地供应

以上 5 个因素，都是从影响房地产需求的角度出发。另外，还有一个因素，决定着房地产的供给——土地供应，土地供应量和房价存在着反向关系。

了解一个城市的土地供应情况，可以看它的土地出让金收入，土地出让金收入越高，说明卖地越多，未来市场上的供应量也会越多，会反向抑制房价的增长。

根据中国指数研究院的统计，2018 年，我国 7 个城市的土地出让金突破千亿元。其中，杭州收金为 2442.9 亿元高居榜首，上海收金为 1908.8 亿元位列第二。

看到下面数据，你可能会好奇："为什么深圳排在这么后面？"

2018年主要城市土地出让金TOP20（仅包含市本级数据）

排名	城市名称	出让金/亿元	同比	排名	城市名称	出让金/亿元	同比
1	杭州市	2442.9	11%	11	重庆市	868.9	-31%
2	上海市	1908.8	30%	12	成都市	849.3	-29%
3	北京市	1682.9	-40%	13	济南市	722.3	-21%
4	广州市	1475.9	21%	14	西安市	680.6	72%
5	武汉市	1380.8	-11%	15	宁波市	647.5	24%
6	郑州市	1063.6	24%	16	昆明市	575.6	27%
7	天津市	1059.2	-14%	17	青岛市	574.7	67%
8	南京市	956.9	-45%	18	常州市	465.9	81%
9	佛山市	894.0	-4%	19	石家庄市	454.8	94%
10	苏州市	875.5	-8%	20	深圳市	449.6	-45%

数据来源：CREIS中指数据，fdc.fang.com

这有两个原因：第一原因是，与北京、上海、广州相比，深圳的面积本来就小，可建设用地没那么多。

北京面积约为 16800 平方千米；上海面积约为 6340 平方千米；广州面积约为 7434 平方千米；深圳面积约为 1996 平方千米。

如果以深圳面积作为基数，北京相当于 8.5 个深圳，上海相当于 3 个深圳，广州相当于 3.5 个深圳。

第二个原因是，深圳市民营经济发达，拥有华为、腾讯、万科等各行业龙头企业，财政收入主要靠税收，对"土地财政"的依赖性不高。

5.2.2　极具增长潜力的十大城市

经过以上分析，相信你对各个城市的"基本面"有了清晰的了解。

如果你是来自普通家庭的年轻人，不甘于上一代的处境，想要人生升级，第一套房就是最重要的财务决定。

根据综合判断，建议优先在以下城市购房。请注意，排名有先后：

01	**深圳**	科技创新之城，民营经济蓬勃向上
02	**北京**	政治文化中心，具备独特吸引力
03	**上海**	打造金融枢纽，全球化大都市
04	**广州**	老牌城市，粤港澳中心城市
05	**杭州**	电商城市，新经济发达
06	**成都**	新一线领军城市，产业发达
07	**南京**	长三角地区纽带，潜力仍在
08	**重庆**	西南两大核心城市之一
09	**武汉**	"中部崛起"中的最大亮点
10	**天津**	北方第二城，高考洼地

排在最前面的依然是四个一线城市，但排序和常规有所不同。从经济增长潜力、人口流入量、供地稀缺等角度来衡量，我个人认为深圳是最好的投资选择。

此外，深圳对人才引进特别友好。深圳有一句标语叫作"来了就是深圳人"，外地人落户的条件相当宽松，落户以后就有机会买房。

相比之下，在北京和上海落户难度非常大。上海实行积分落户制度，本科毕业生几乎不可能达标。

在北京，只有少数用人单位有落户指标，从 2018 年开始试行积分落户制度。首批共有 12.4 万人申报，公示名单为 6019 人，通过率只有 4.8%。

据媒体报道，通过公示人员以"70 后"为主，其中年龄最大的 58 岁，年龄最小的 31 岁。在通过者中，华为、BAT 等高新技术企业的人员为数众多。比如，100 分 (含) 以上高分段人员中 35.8% 来自高新技术企业；23.4% 获得创新创业奖项；12 人获评省部级以上劳动模范。

在京沪以外的城市，已经开始"抢人大战"，敞开大门欢迎你。只要你在当地念大学，毕业后落户很简单。城市管理者意识到人是促进城市发展的核心动力。有人，才有未来。

在这种情况下，在哪里定居，主要看个人选择。我建议，在能力范围内，到规模最大的城市定居，这样对你和下一代最有利。

每个城市代表着一种环境。选择好的环境，会让你的努力事半功倍。不论是资源，还是眼界，越好的城市，能给你提供的更多，而且会激励你奋发向上。

如果你在刚毕业时，搞不清楚哪座城市最适合自己，可以多尝试。

就像硅谷创业教父格雷厄姆所说：

> 有些人 16 岁就知道自己一生的目标，但对大多数有雄心的年轻人，领悟到"天生我才必有用"要比"天生我才有嘛用"早一点。他们知道得做点不平凡的事情。只是还没确定是要做一个摇滚明星还是脑外科医生。这也没什么错。只是如果你壮志在胸，就得反复试验找到去哪里生活。你要是在一座城市过得很自在，有找到家的感觉，那么倾听它在诉说什么，也许这就是你的志向所在了。

我的经历就是探索"哪座城市适合自己"的过程。最开始在上海念书，待了四年，这座城市生活得舒服，很现代，但我与它之间，总隔着一层薄膜。

毕业以后，我去北京工作。北京是一座包容的城市，每个人都能找到自己惬意的活法。与此同时，人们满怀野心，焦虑写在脸上。我原以为会一直在北京生活，直到雾霾频繁出现。

2017 年 4 月，我来到深圳。在上大学时，我来过一次深圳，当时的印象已经有点模糊。这一次，我从机场出来，坐出租车经过漫长的深南大道，两边是郁郁葱葱的绿树，突然对这座城市有了亲切感。

我在深圳住得越久，就越喜欢。它气候不错，雾霾少，除了最热的两个月，其他时间温度很宜人。

深圳原来是个小渔村，本地人少，日常接触到的都是来自五湖四海的人，彼此关系很平和。这座城市，生长在珠三角地区，务实气质浓厚，不端不装，开诚布公。

深圳也有缺点，比如教育、医疗在一线城市中相对较弱。我相信，只要有足够多的资源投入，加上时间累积，把这些方面都做好，就是一件水到渠成的事。

每个人情况不同，如果因为某种原因，你已经在小城市定居，自然就会想在这些城市买房。如果是出于居住考虑，没有问题，但如果想买房投资，一定要谨慎。

一二线城市的好房子值得关注，长期增值；三四线城市的房子是消费品，购买之前要仔细考虑清楚。

此外，中国交通发达，如果你想买房投资，不一定非要在本地，选你够得着的高潜力城市，选一套好房子是一个更好的策略。

这一节提到的"六大指标"不仅分析任何城市都管用，还可以进行多个城市的对比研究。

5.3　挑选优质房产的实操方法

选城市是买房的关键一步，不过，确定城市以后，你依然会迷惑——城市这么大，几百个小区，每个小区上千套房，到底买哪一套呢？

接下来，我们进入实操环节，全方位解读买房过程，帮你找到好房子。

5.3.1　选小区的方法

在买房时，新手最容易遇到的一个误区是：挑房子，而不是挑小区。他们在头房时，总是孤立地去比较：这套房怎么样，那套房怎么样？

在做买房决策时，我们可以依照"点、线、面、体"的方式来规划。点、线、面、体，前一个因素依附于后一个因素，越是后面的因素，越重要。

一个国家，就是一个体。在一个经济蓬勃发展、社会稳定的国家，房价长期上涨是大概率事件。

一个城市，就是一个面。城市聚集了信息、资源、人，选对了城市，就享受到了城市发展的红利。

一个小区，就是一条线。一条线串联着无数个点，面对着同样的外部环境。同一个小区内，不同房子的涨跌趋势基本都是相同的。

一套房子，就是一个点。这时候，衡量因素更具体，也更加细枝末节。

当你选定国家和城市以后，先别着急去选"点"，而是先选"线"。有一句话总结得很精辟——买房子是买窗外的东西。也就是说，别只关注房子本身，小区所在的地段也至关重要。

很多人都知道地段重要，但怎样衡量地段呢？我们来一一细看。

1. 靠近新兴产业

过去 10 年，中关村是北京房价涨得最快的地段之一；在深圳，南山区的房价异军突起。

这两片区域，有一个共同点：新兴产业发达。新兴产业与传统产业相比，最大的不同之处是有趋势红利，利润率高。

因此，新兴产业的"造富效应"特别明显。过去 20 年，中国互联网产业的发展，催生了许多上市公司。在福布斯富豪排行榜中国大陆排名中，互联网公司的创始人常常能占据前十名的将近一半。

不仅是互联网公司的创始人，新兴企业的早期员工，很多拿到股权，也成为财富增长最快的一批人，他们的薪水也普遍比社会平均水平高。

因此，靠近新兴产业的区域，高收入人群多，他们挣钱以后，就要买房，更快地拉升房价。

有意思的是，在深圳，有些片区的房子本来不属于"优质教育房源"，但因为"码农"的孩子很多，这些孩子学习刻苦，竟让附近学校的升学率超过了传统名校。

需要注意的是，随着技术与社会的变化，曾经的新兴产业也会变成传统产业，每个时代都有相应的前沿产业。

房地产、金融、互联网都曾经是新兴产业，未来，它们的表现，会出现分化。

2. 商业发达便捷

随着人们收入水平的提高，会对消费产生更多需求。商业发达的地方，人气就旺，房价也因此水涨船高。

在看房时，中介常常会告诉你："这里附近有商场，生活很方便。"但他们不会告诉你："附近有什么商场？"

商场与商场之间的差距非常大，不同类型的商业形态，代表着完全不同的消费能力。

怎样评估小区附近的商业水平？一般看"星优麦沙"，可以很方便地得出结论。

一个小区，如果附近有星巴克，说明聚集了消费能力高的人群，商业价值很大。星巴克越密集，财富密度越高。这个小区，可以归纳为"金领地段"。

像星巴克这样的全球连锁企业，选址能力是核心竞争力之一。在确定一个店面之前，它会花大量时间和资源去做调研。选址有没有做好，常常决定了一个门店的生死。作为个体，时间和金钱都有限，抄企业的选址作业，是一个好方法。

小区附近，如果没有星巴克，有优衣库也很不错。优衣库的目标人群，是典型的城市白领阶层。这样的小区，可以归纳为"白领地段"。

除了优衣库，钱大妈、百果园也是典型的白领消费品牌。它们比路边摊更贵，品质好一些，但也不至于太贵。看它们的布局，也是一个指标。

如果没有优衣库，那么肯德基、麦当劳也是一个指标。工厂打工族，也能消费得起。这样的小区，可以归纳为"蓝领地段"。

如果以上品牌都没有，你再看看有没有沙县小吃、黄焖鸡米饭。如果有的话，这里可以叫作"平民地段"。

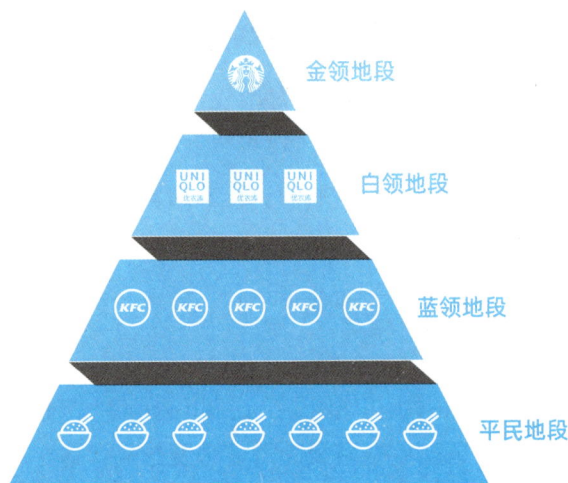

如果这些都没有，真是"人流量少"的地方。很多城市新区都是如此。中介们会告诉你——这里规划很好，在三年以后，会有地铁，有商场，到时价格就会涨起来了。

这时，请一定不要头脑发热，一冲动就下定金。你应该问他："具体规划在哪里？政府规划网站上有公布吗？"

如果他支支吾吾，那说明城市规划可能还停留在"传闻阶段"。如果你得到了确切的回答，并且之后自己去验证了确实如此，这样的地段，就值得重点关注。

在实地看盘时，我发现一个规律：人们只对看得见摸得着的事情有强烈感觉。比如，一个小区，五年前规划确定要建大商场，三年前开始动工，到这两年，工地热火朝天。

只有看到商场动工，甚至将近落成，这个小区的热度才会噌噌地往上涨。因此，那些配套规划很明确，但配套还没有建成的小区是值得关注的"潜力股"。

很多人在买房之前都会仔细研究政府的规划图，这些规划图不一定全部能实现，但蕴藏着珍贵的信息。在商业时代，提前一步获得信息，往往就意味着机会。

3. 交通四通八达

毫无疑问，交通越方便的地方，地段越值钱。人们的交通方式在发生变化，过去主要乘公交车，如今大城市以地铁为主。

看房时，从小区出发，如果走路十分钟能到地铁站，就算交通方便。

和筹划商场一样，如果你提前知道地铁规划或在地铁规划公布早期，就开始筹划观察，可能会找到不错的机会。

4. 教育资源优秀

放眼全世界，很少有比中国人更看中教育的了。因此，"学区房"屡屡创造天价。"学区房"的政策调整，常常会改变一个地段的命运。

我在大二时来北京实习，住在某小区，这个小区物业差、流动人口多，尽管处在三环内，一直被瞧不上。但这几年，划入好学区，房价像火箭般飙升，每平方米超过十万元。

你可能注意到了，"学区房"也有脆弱的地方，那就是政策容易变化。差学区可以变成好学区，好学区也可以变成差学区。

如果你的孩子马上要上学，那买一个"学区房"还不错；如果小孩还没出生，你就准备买学区房投资，等他到上学年龄，那个房子可能不再是"学区房"了。

在广州、深圳等城市，这样的事情屡次发生。按照买房时的规划，小区对应着优秀的小学和初中，孩子可以一路直升，但后来，因为片区儿童数量暴涨，只能再增加派位、摇号等方式，买学区房那种"保障入学"的优势，就消失了。

因此，如果有购买"学区房"的需求，建议要慎重，别付出过高溢价，一旦政策有变，溢价就直接归零。

5. 小区品质良好

以上四个因素都与地段相关，在挑选小区时，有一个标准，与小区直接相关，那就是小区房子的品质。

品质好的小区，维持价值的能力更强，在二手房市场，更容易出手，价格更高。有三个因素会影响小区品质——开发商、楼龄、物业。

不同开发商的风格不同，有些开发商造房子更认真，有些开发商追求速度经常出事，甚至发生在建楼房倒塌的事故。

楼龄也很重要。楼龄越长，房子越老旧，而且房龄超过 30 年的房子，很难从银行获得贷款。你买房时，需要考虑到等你卖出时，房子的楼龄多长，下家是否能贷款。如果不能贷款，潜在买家就会少很多。

很多人不注重物业，也不爱交物业管理费，认为这是一种剥削。实际上，好物业，能够让小区更好地维护电梯、绿地等各种公共设施，提供更好的公共服务，让小区保值。

杭州的一个小区居民，曾经把物业公司赶出去，组织志愿者团队来打扫卫生、维护治安。两三年过去，小区里各种垃圾，气味难闻，很多人纷纷搬出小区。后来，居民实在受不了，又重新引进物业公司，一个月以后，小区房子在市场上的卖价就高了几十万元。

在买房时，你可以打听一下物业公司的口碑。与此同时，另外一个指标也很重要——物业费。一般来说，物业费高的小区，提供的公共服务会更好。

我陪朋友在深圳看房时，看过宝安中心附近的一个小区，小区建成不到 10 年，结果小区内不仅脏乱差，而且房子外墙竟然也出现裂缝。虽然这个小区近年来涨幅不错，但我建议朋友不要买，因为 10 年以后，这个小区很可能成为"老破小"的小区。

小区和人一样，都要靠保养。小区保养得好，未来更受人喜欢，也更有长期投资价值。

你可能会想：既然二手房要考虑楼龄，是不是头新房就是最好的选择呢？

并不是这样的，在大多数情况下，我都建议买二手房。

首先，中国人有新房情结，为新房支付过高溢价。第一年是新房，第二年就成了旧房，仅仅一年，两者之间就会有比较大的差价。

其次，二手房是一个成熟市场，有更多交易数据可以参考。同一个小区，已经有几十套、几百套房子成交过，这些成交都是用"真金白银"兑现的，说明了市场对价格的认可，而新房并不是。

在一种情况下，可以优先考虑新房，这就是大城市的"限价房"。这几年，政府为了调控房价，限制新房的售价，有些地段的新房甚至比二手房价格更低。这相当于一种"政策红利"，很多人排队摇号购房资格，在深圳某些楼盘，中签率连 10% 都不到。

如何选择小区？

5.3.2　看房要点

从国家、城市、小区再到具体的房子，这是我们买房时的决策顺序。接下来看看我个人给出的选房建议，仅供参考。

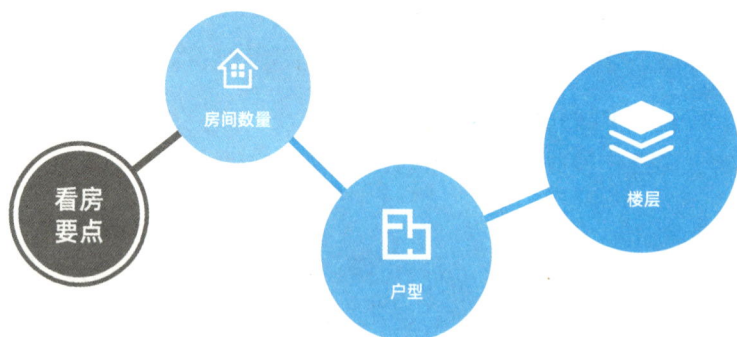

1. 房间数量

这一点很明确，也很简单。在同等价格区间内，小三居房比大二居房好，小两居房比大一居房好。

2. 户型

不论是看新闻，还是和中介聊天，我们都听到一个词：户型。最开始接触到这个词时，我一脸茫然，难以理解。

后来我发现，可以将好户型总结为：布局方方正正；通风好采光亮；功能分配合理。

房子一般都有户型图，那些正方形或者长方形的户型，空间利用更合理，相比之下，多出一个犄角，或者形状比较奇怪的，价格比同类型的低一些。

通风好采光亮这一点，只要自己去房子实地考察一下，就能明显感受到。一般来说，朝南向的房子最好，朝东向的房子其次，西北方向比较差。

布局合理方面，主要看厨房和卧室。

厨房是家里主要污染源，厨房尽量放在入户门附近，最好远离卧室和客厅，这样也更方便，买完菜回家，直接可以把菜放进厨房。

近年来，许多房子流行"开放式"厨房，除非万不得已，不建议选这样的房子，因为中式饮食油烟很多，在烹饪时，会让这个家里都弥漫着油烟，对家人健康不利。

卫生间也是布局的重点，它比较容易脏，最好做干湿分离，就是将淋浴间和其他区域用玻璃墙等形式做隔离，避免卫生间变得潮湿。

我看房时，遇到过各种奇葩布局。比如，洗手间在厨房的里侧，每次去洗手间都要经过厨房。想象一下，如果家人在做饭，这时候有人在洗手间做每日例行公事，这是一个怎样的画面？

另外，就是房子内不需要有过长过宽的走廊，很浪费空间，毕竟"寸土寸金"。

3. 楼层

在买房时，楼层也是我们考虑的要点。三楼以下房子慎重买，不论是噪声还是蚊虫，都比较严重。特别是我国南方，梅雨季节，低楼层的房子，家里物品容易长霉。

与此同时，不建议买15层楼以上的房子，很少有人知道这一点。

2017 年，公安部消防局通报中国高层建筑火灾数据，超过 24 米的高层建筑有 34.7 万幢，100 米以上超高层建筑有 6000 多幢，数量排名世界第一，但全国超四成高层住宅没有自动消防设施。

另外，中国配备的举高车大都在 50 米以下，多数消防水枪、水炮的喷射高度也只有 50 多米。当 50 米以上楼层发生火灾时，除了利用建筑内部的消防设施，几乎没有有效的外攻救援手段。如果消防员采取内部攀爬的方式救援，因为要负重登楼，超过 20 层，就较难展开有效救援。

按照中国大多数建筑的层高计算，50 米的高度大概是 15 楼。这就意味着，住在 15 楼以上，一旦发生火灾，人逃生的概率就可能很小了。

5.3.3　买房实用技巧

我有一些朋友，平时工作比较忙，每次看房时，只能看一两套，在交通上要花一两个小时的时间。按照这种方式看 10 套房，人就容易疲惫，可能就会对买房产生了倦怠感。

我自己买房时，定下的策略是确定标准，大量看房，速战速决。

在和中介人员第一次接触时，我会明确地写出标准，请他们尽可能多地筛选房源。这套模板，也供你参考。

房子在xx城区。（不同的城区，产业条件不同，如深圳的南山和宝安，产业发展前景最好）

附近车程xx分钟内有大商场。（商业设施）

附近走路xx分钟内有地铁站。（交通）

希望买xx居室。

小区楼龄xx年以内。

我的预算范围是：xx万元。

把这个清单填写好，发给中介人员。如果这个中介人员靠谱，他就能找出很多套在售的房子，不过这些房子可能在不同片区。

我的策略，就是按照片区，大量看房。比如，某一个地铁站附近，可能有 3 个小区，每个小区都有几套符合标准的房子，我就集中一天的时间全部看完。

用这种方式，一天看 10 套房，用一个月的周末时间，至少能看 40 套房。

看房初期，可能你会遇到不错的房子，但一定不要冲动。我建议至少看 40 套房，再做决定。很多人买件几百元的衣服，都要来回比价，但买套几百万元的房子所花的时间却非常少。

实践出真知，跑盘出直觉。当你看完 40 套房以后，基本上是"半个专家"了——进一个小区，凭感觉，就感受得出小区品质；走进一套房，户型、采光、通风，也能很快抓住重点。

在买房时，靠谱的中介人员很重要。因为买房资金量大、流程复杂，如果中介人员责任心不强，你会遇到很多"坑"。为了避"坑"，你可以找朋友推荐中介人员。

如果和陌生中介打交道，可以从一个细节，就能判断出他的责任心：看他是否会从买房者的角度，点明房子的缺点。

很多中介人员，进入任何一套房子都会挑出房子的众多优点，尽量不提房子的缺点。如果他能主动提到房子的一些缺点，就说明他能考虑到买房者的利益。这样的中介人员，往往能赢得买房者的信任。

买房还有一点很关键，就是"速战速决"，别把时间周期拉得过长。为什么要"速战速决"呢？在前文中我们已经分析过，长期来看，大城市的好房产一直处在向上增长通道。如果你遇到了好的时机，就一定要尽快做决策。当房价开始上涨以后，你的工资收入要追上它，就很难了。

5.3.4　选对时机，果断下手

我们对房子的分析主要集中在"价值"。不论是选国家，选城市，还是选小区，都是秉承"价值分析"的理念，去看那些长期影响房产价值的因素。

但是，任何一笔成功的投资，都需要在两个关键点上同时做好：价值与价格。任何一项投资品，从股票、基金到房产，价格处在不断波动的周期中。我们在投资时，既要看透长期的价值走势，也要尽可能选择价格低估阶段入手。

在很多人的印象中，房产的价格是不断平稳向上的。实际上，房价从来不会线性增长的，经常横盘 3 年，甚至有轻微下跌，然后当牛市启动时，3 个月可能上涨 50%。

什么决定了房产的短期价格？它主要受金融政策的松紧程度影响，比如银行房贷利率，首付比例。

近年来，政府不断调整金融政策，有时会放松，如银行房贷利率可以打折，不论是首套房还是二套房都能三成首付；当房价上涨很快时，政府会收紧金融政策，如引导银行卡紧房贷，提高贷款利率，将二套房首付提至五成。

从过往经验来看，当金融政策收紧以后，在 3 个月内，房价就会有明显反应，调控政策持续越久，房价一般会横盘或下跌。

在调控引发的"横盘期"，如果你对房产有明确的长期需求，就可以入手了。这个阶段，市场被打压，价格低于平时。一旦放开政策，房价可能就会开启上涨通道。

比如，深圳在 2015 年出台"3.30 新政"，一个家庭购买二套房，只要结清第一套房的贷款，第二套房就算首套房。这一政策，刺激了房价的快速上涨。

随后，2018 年出台限售政策，而且二套房认贷，房价又迎来"政策紧缩期"。这个阶段，价格很平稳，甚至很多人觉得深圳的房价"见顶"，未来没有前途了。

实际上，根据历史经验，从 2018 年底开始，深圳的房市迎来不错的入手时机——房价稳定，买房竞争者相对较少，有谈价空间。

2019 年 3 月，我开始在深圳看房，当时在南山区、宝安区、光明区各选了一个重点小区，总计看房超过 50 套。2 个月后，在宝安碧海片区买房了。当时很多朋友咨询我买房问题，我建议他们能买就尽早买。

虽然我预料到政策未来会有变动，但没有想到政策的变化来得如此之快。2019 年 9 月，深圳取消豪宅税，沉寂几年的房市，又开启了新的上涨通道。

2020 年 4 月，距离我看房一年后，我挑选的三个重点小区，均价上涨都超过 30%。

我有一个朋友，特地发微信和我说，感谢当时的"科普"，幸亏及时买了房。

需要注意的是，关于买房的时机分析，我们需要建立在"选对价值"的基础上。

大城市的好房产，未来 10 年长期看好，如果有买房的刚需不论现在多贵，早买总比晚买好，如果能抓住横盘期，就更好。

但是，三四线城市的房产基本面摆在那里，千万要慎重选择。

5.4 破除"三大误区"，紧跟财富浪潮

过去 20 年，中国房价的上涨速度超过了大多数人的收入上涨速度。不论是批评，还是抱怨，许多人对房地产的情绪很复杂。在此过程中，产生了非常多的"思维误区"。

5.4.1 一辈子租房，是不是更划算

租房是很多人讨论的话题，甚至有人想——如果不买房，只租房，是不是就不用这么辛苦了呢?

做这种判断的人，其实忽略了一个真相：大城市的房租涨得很快，未来可能会涨得更快。

　　根据徐远教授的分析，从 2010 年到 2016 年，中国经济增速相对较低，但北上广深一线城市的房租，每年涨幅都超过 6%。上海房租上涨最快，每年涨幅为 12%，7 年时间翻了一倍多；深圳和广州其次，每年涨幅分别是 7.5%、7.4%；北京慢一点，每年涨幅为 6.4%。

　　这样的现象，不仅发生在中国，也发生在其他国家。由于大城市聚集了更多的发展机会，第二次世界大战以后，发达国家的人口不断往大城市流入，房租平均增长速度都在 6% 以上。

　　因此，我们可以做一个简单的计算题。假设你在一线城市工作，租了一套每月租金 6000 元的房子，年租金是 7.2 万元。

　　这套房子当前价格为 400 万元，租售比达 56 倍，看上去买房很吃亏，租房很划算。

　　这时候，你有两条路可以选择：

　　第一条路：你咬咬牙，凑了三成首付 120 万元，剩下 280 万元找银行申请贷款，买下这套房子自住，还款期限为 30 年。

　　30 年过去，你把房贷还清了。按照 4.9% 的商业贷款利率计算，你一共还了本金利息 534 万元。

　　也就是说，你一共花了 654 万元买了一套房子。这套房子完全属于你了，你再也不需要还贷款。

　　第二条路：你觉得租房性价比更高，而且每年 6% 的租金增长率，看上去也不是特别多，毕竟公司每年会给你加薪。

　　按照这种方式，你租了这套房子 30 年，一共要付 569 万元租金。请注意，这个时候，你除了享受这些年的居住环境，并没有获得其他任何东西。

我们再来总结一下：

第一条路：付出 654 万元获得一套房子的产权。这套房子，如果按照每年 5% 的房价增长率计算，到 30 年后的价格是 1728 万元。

请注意，5% 并不是一个很高的数字，仅仅是保守估计。从全球来看，1970—2017 年英国全国房价年均增长率为 8.8%；1960—2017 年美国全国房价年均增长率为 4.58%，大都市圈的房价增长要比平均值高 1%~3%。

第二条路：付出 569 万元租金，两手空空。

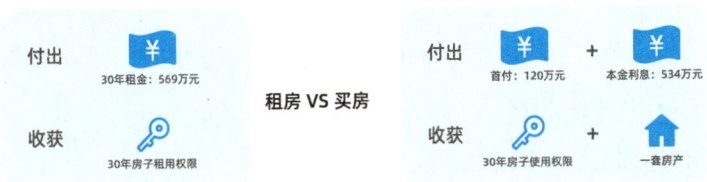

租房 VS 买房

付出　30年租金：569万元
收获　30年房子租用权限

付出　首付：120万元　+　本金利息：534万元
收获　30年房子使用权限　+　一套房产

因此，如果你要在大城市生活一辈子，长期租房就不是一个好主意。在短期内买不起房，很正常，但千万别陷入"大不了一直租房"的误区。

买房辛苦一阵子，租房辛苦一辈子。

5.4.2　国外房价这么便宜，要不要买

这些年，海外买房开始流行。我有一个朋友，工作几年，辛辛苦苦攒了 100 万元。听人说日本小城市房子不错，价格不贵，又符合自己对"田园牧歌"的想象，她很动心。

我赶紧劝住她，分析一通以后，她放弃了这个想法。我研究过美国、英国、日本这些发达国家的房价增长规律，这些国家的大多数房产都不适合普通人投资。

首先是实际收益率不高。因为发达国家城市化已经成熟，经济增长放缓，所以房价上涨速度慢。

假设你在东京购买一套 70 平方米的公寓，其收益分为租金收入和房子增长收入。

每年租金收入减掉管理费、修缮费等费用，大概每年收益率为 3%。

在资产增值方面，虽然每年大概有 2.75% 左右的增长率，但扣除不动产税、市政建设税等费用，大概只剩 0.75% 的收益率。如果要把收益汇出日本，还需要额外缴纳所得税，所以最终净收益率是 0.6%。

综合来看，这套房产的收益率不超过 4%，与买货币基金差不多。此外，跨国购房，不仅要克服语言问题，还要花更多时间精力去了解外国的市场与制度，实在是不划算。

如果你购买纽约核心城区曼哈顿的房产，长期收益率大概为 3.5%，与中国国债收益率、货币基金收益率在同一水平。

从驱动房价增长的"三驾马车"进行分析，发达国家的房产的增长幅度大概率会跑输中国一线城市和高潜力的二线城市。

买发达国家房产和买中国香港储蓄型保险一样，别指望收益高，唯一的好处是资产全球化分散配置。这是富人对抗风险的方式，如果资产少于 1000 万元，就没必要做这种"折腾"。

你可能会想："既然发达国家增长空间不大，那么东南亚地区这些新兴国家呢？"

近年来，越南、泰国、马来西亚这些国家发展迅速，房价也涨得比较快。如果投资这些国家的房产，就需要注意三个事项。

第一，相关制度不完善。不论是法律法规，还是对买房者的保护，都处在比较早期的阶段。法制不健全的地方就像丛林一样弱肉强食。

第二，外国人和本国人区别对待。不论是首付金额还是贷款额度，对外国人都有很多限制。比如，在越南，外国人不能做按揭贷款。

第三，流程复杂，房产管理难。不仅语言不通，而且很多规定和我国不一样，因此从选房到付款，整套流程，需要有靠谱的人帮忙，不然容易"掉坑"。

一旦买完房子，如果你人在国内，要管理这套房子就很麻烦。比如，有些人在泰国买房以后，把房子委托给当地中介代租，结果一年过去了，一分钱租金都收不到。后来，他们跑过去，发现房子有使用过的痕迹，当地中介也表示完全不知情。

在一个陌生国家，除非你有长期居住经验或者有朋友相助，否则总是处于弱势地位。

因此，对资产不多的普通人来说，我建议将主战场放在国内。这是生你养你的土地，你拥有信息与经验，如果在自己的国家都挣不了钱，到其他国家可能会更难。

5.4.3 房价这么高，年轻人还有机会吗

在自己的国家寻找机会，这是一条生存常识。但如今房价很高，许多"90 后"觉得，好机会被"70 后""80 后"占据了，自己没赶上好时候，买房无望。

其实，从古到今，从国内到国外，只要是太平年景，大城市房价高一直就是常态。

唐代著名诗人白居易，年少时进入长安，做官很多年，也未

能买下房子，最终仰天长叹："游宦京都二十春，贫中无处可安贫。"

白居易 35 岁时，因为母亲和弟弟来投靠他，才在长安郊区附近渭南县买了房子。古代人平均寿命为 40 岁左右，35 岁才买一套郊区房，足以说明白居易的买房之路非常艰辛。

在国外大城市工作的年轻人也要工作很多年才能买得起房。比如，在纽约，住房拥有率为 31.3%，将近 70% 的人都在租房。

美好的事物，人人想要的资产，总是价格昂贵，我们想得到它，就要付出努力与代价。年轻人要做的就是葆有希望，积累正确的投资观念，然后一步一步往前走。

大学毕业后，我来到北京，成为一名"北漂"。当时，我每个月基本工资为 5000 元，与别人合租，每个月房租加上水电费，要花掉 2000 元。每天按照 50 元的饮食标准计算，一个月要花掉 1500 元，剩下的钱，覆盖交通、买书等开销。我是典型的"月光族"。

最开始我住在四惠东，后来因为办公地点的变动，我又搬到酒仙桥，然后再搬到北新桥……搬过几次家，每一次搬家，我都要花费不少力气。

在这个过程中，工资不断增长，但房价涨速更快，就像兔子和猎豹在赛跑，兔子永远追不上猎豹。因此，我不敢考虑买房的事情。

但从 2016 年开始，房价不断飙升，我甚至考虑到 30 岁还买不起房的话，就找个二线城市定居。

虽然我这样想，但从来没有放弃过希望。在工作上，我一直努力，收入增加，业余时间研究投资理财，基金投资也挣了一些钱，不断积累本金。

与此同时，我开始认真研究房地产。读了很多资料以后，我发现：对北京、深圳这样的大城市来说，远远没有到达房价的终点。

巧合的是，机会开始出现了。2017 年 3 月，北京出台了非常严厉的调控政策，房市被"冻住"，房价开始慢慢下跌。

我决定开始看房，当时在深圳工作，每次都是星期五晚上坐卧铺来北京，星期日晚上坐卧铺回深圳，这样可以不用请假。我睡眠浅，在卧铺上睡得不踏实，吭哧吭哧的铁轨摩擦声一直在我脑海里回响，基本每隔一个小时我就会醒一次。

正因时间有限，我才开发了"集中看房"的方法：列好标准，请中介朋友帮忙找到适合的房子，利用一个周末时间，看 15~20 套房。

我看了将近 50 套房以后，在东四环边上遇到了一套性价比不错的房子。星期六下午，我和房东约了见面，想直接谈价格。结果，她不愿意见面，让中介朋友两边传话。

来回几个小时，双方在价格上达成一致，房东却突然告诉我："还要再想一想是否要卖房，今天晚上 12 点前给你答复"。

听到这个消息，我简直崩溃了。原本计划星期日白天签合同，星期日晚上回深圳，这么一折腾，这次又无功而返了。

但没办法，只能等消息。北京这座几千万人的城市，一年二手房成交量不到 20 万套，卖房者的话语权明显更强。

那天晚上，我翻来覆去睡不着，等到快 1 点钟，还没收到消息，我才慢慢睡去。第二天一大早，打开微信，中介朋友说，对方不卖了。

我只好继续看房，中介朋友也被来回折腾得够呛。后来，我和女朋友两个人，开始在网上重新筛选房子。幸运的是，我们找到一套北京南二环的房子，奔过去看房，此后经历种种波折，终于敲定它。

几个月以后，我拿到房本时，最大的感受是：房子从来不是绊脚石，不敢接受挑战，才是生活的障碍。让自己走出舒适区，勇敢解决一个又一个问题，人生才会越来越开阔。

对家境普通的年轻人来说，攒钱买房是必经的人生历程。它不仅帮助你更好地规划财务，也磨炼心性，让你承担起更大的责任。

买房就像打怪升级，别追求一步到位，别指望一出道就直接打倒"大 Boss"。放平心态，在能力范围内，先买房，等经济条件变好以后，再换房。

买了好房子，就像坐上高铁列车，享受到时代发展带来的增长红利。不论是"二等座"还是"一等座"，其实都没那么重要，重要的是"先上车"。

附录 A

投资理财类好书

理财是一辈子的事。它需要你不断学习，不断精进。在这个过程中，你既收获了智慧，又得到了财富的增长，可谓"一箭双雕"。

关于投资理财的知识非常庞杂，我挑选了一些好书推荐给你，供你做拓展性的了解，我建议从前往后按照顺序阅读。

其中，最后的"价值投资"部分，只建议对股票投资特别感兴趣的朋友阅读。对大多数人来说，只要掌握本书中的内容，就足以取得不错的投资收益了。

1. 理财观念

《富爸爸穷爸爸》

《财务自由之路》

《穷查理宝典》

《钱：7 步创造终身收入》

2. 投资实战

《指数基金投资指南》

《小乌龟投资智慧》

《城里的房子》

《房地产周期》

3. 价值投资

《巴菲特之道》

《投资中最简单的事》

《文明、现代化、价值投资与中国》

《股市进阶之道：一个散户的自我修养》

《价值投资实战手册》

《邓普顿教你逆向投资》

《戴维斯王朝》

《周期》

《巴芒演义》

《一个投资家的 20 年》

《原则》

《奥马哈之雾》

附录 B

优秀微信公众号

投资理财是生活的一部分，成长、幸福这些是值得我们追求的终生目标。这些年来，以下朋友的公众号给我很多启发，我将它们推荐给大家：

1. 职场发展 / 个人成长

（1）奴隶社会（ID：nulishehui）

推荐理由：不端不装有趣有梦的原创文字，听现实的理想主义者讲自己的故事。

（2）傅踢踢（ID：futeetee）

推荐理由：世界再纷乱，总有一个人懂你的单纯与温暖。

（3）辉哥奇谭（ID：huigeshow）

推荐理由：探索财富与精神自由之路的每日记录。

（4）七芊职场物语（ID：qiqianZCWY）

推荐理由：知名职场作家七芊，专注帮助职场人提供"技能提升＋求职解决方案"。

（5）奥利在鹅厂（ID：oliviasaying）

推荐理由：从宝洁到鹅厂的职场跨界者，每周原创有趣职场干货。

（6）职场 E 姐（Elaine_Salon）

推荐理由：助力职场青年加速发展，成为 1% 的领跑者。

（7）理想岛（ID：lixiangdao002）

推荐理由：硕博高学历者的"理想国"，一起提升认知思维。

（8）一知半见 （ID：yizhibanjian）

推荐理由：每个人都值得被看见，深度挖掘还原一个普通人。

（9）iris 来了 (ID: startup_iris)

推荐理由：从职场人到创业者，陪你走过这段路。

2. 商业思维 / 科技创新

（1）THE ONE @ 许维 （ID:xuwei0418）

推荐理由：湖畔大学招生官，《转折点：移动互联网时代的商业法则》作者。

（2）砺石商业评论 （ID:libusiness）

推荐理由：一家专注于全球大公司深度研究的商业知识媒体。

（3）周掌柜 （ID：zhouzhanggui525）

推荐理由：周掌柜战略咨询团队公众号，分享顶级公司洞察研究。

（4）蓝血研究 （ID：lanxueyanjiu）

推荐理由：解读任正非的商业思想和华为的管理智慧。

（5）陈勇营销专栏 （ID：cy-yingxiao）

推荐理由：汇聚提高营销技能和普通人自我营销的方法。

（6）科技唆麻 （ID：techsuoma）

推荐理由：一个专注互联网行业分析和评论的账号。

（7）增长侠 （ID：zengzhangxia）

推荐理由：研究高效持久的增长战略与战术，以及制定好战略的心智系统。

（8）薯大妈（ID：damatalk）

推荐理由：小红书早期员工，这里有关于小红书的一切。

3. 投资理财

（1）星佳是个小人物（ID：xingjia10086）

推荐理由：看深吹夫妇的故事，成为真正的深圳人。

（2）移居深圳指南（ID：laoyangshow）

推荐理由：资深房产专家，教你如何投资升值最佳的房产。

后记

谢谢你读到了这里。接下来，我想和你聊两个话题。这两个话题看上去有点虚，但关系人的一生。

投资的三大原则

长期主义

有一次，贝佐斯问巴菲特："你的投资体系这么简单，为什么别人不和你做一样的事情呢？"

巴菲特说："没有人愿意慢慢变富。"

对巴菲特这句话，我深有感触。在咨询理财问题时，很多人喜欢问我短期问题，比如：

- 买了这只基金，今年能挣钱吗？
- 最近看到 ××× 新闻，对投资有什么影响？
- 腾讯最近发了财报，接下来股票会涨会跌？

人们特别在意一个星期、一个月、一年的波动，而忽略三年、五年、十年的巨变。

但只有长期主义者，才能真正赢得大胜，赚到"大钱"。

为什么人们特别看重短期的表现呢？因为大多数人的"时间观"来自生存环境的塑造。

在学校中，我们有"周考""月考""期末考"；在工作中，我们喜欢定月度目标、季度目标、年目标。

365 天，几乎就是我们考虑未来的时间上限。

"目光短浅"有什么问题吗？为什么一定要培养长期思维？

那些影响你人生的大事，不论是财富积累，还是能力增长，都遵循"指数级增长"的规律。

指数级增长有两个特性：

第一，在爆发增长前，要挺过缓慢的"爬坡期"。

在这个阶段，你感受到的进步不明显，但实际上，它在积蓄力量。很多人着急，没有等到爆发增长点就放弃了，倒在了"黎明前的黑暗"。

如果你英语不错，可能有过这样的感受：练了很久听力，一直觉得没什么变化，但突然有一天，所有的英文声音都变得清晰，一下就能听懂了。

这不是奇迹，而是你度过了"爬坡期"，迎来了质变。

第二，增长速度的细微差别，在短期内影响不大，长期才会产生天壤之别。

比如，小 A 和小 B 现在都有 10 万元。

小 A 性格保守，不爱理财，把钱都放在银行或货币基金里，年化收益率为 3%。

小 B 学习了理财知识，通过指数基金长期定投，年化收益率接近 10%。

10万元本金，不同收益率下的长期回报

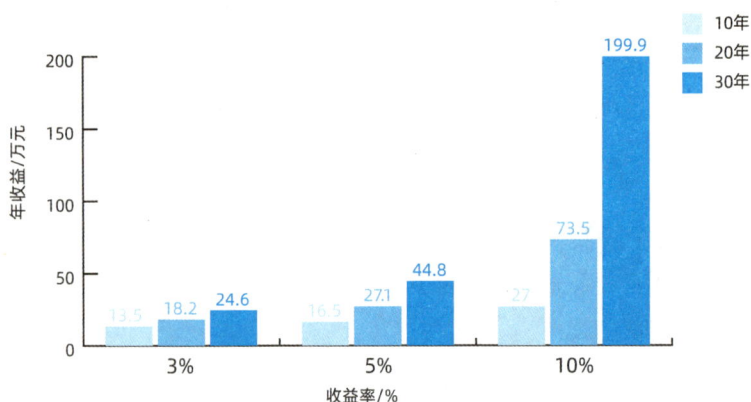

接下来，就是见证奇迹的时刻。10 年后，小 B 的资产是小 A 的两倍；20 年后，变成 4 倍；30 年后，变成 8 倍。

只要你走在正确的道路上，时间就是你的朋友，它施展出神奇的魔法。

有一组很神奇的数据：巴菲特在 30 岁的时候是百万富翁；在 50 岁的时候是亿万富翁；在 80 岁的时候身家超过 500 亿美金。

也就是说，巴菲特大部分的财富是在他 50 岁生日之后赚到的。

巴菲特财富增长值

年龄	14	15	19	21	26	30	32	33	34	35	36	37	39	43	44	47	52	53	56	58	59	66	72	83
	5K	6K	10K	20K	140K	1M	1.4M	2.4M	3.4M	7M	8M	10M	25M	34M	19M	67M	376M	620M	1.4B	2.3B	3.8B	17B	36B	58.5B

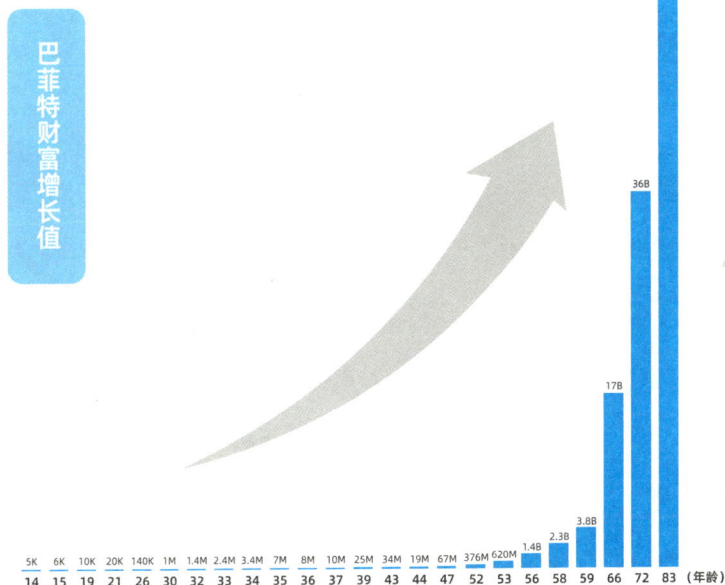

聚焦价值，盯紧"基本面"

投资很简单，但并不容易。

"简单"意味着，关于投资的知识，只要智商达到平均水平，就能学会。"不容易"意味着，要做好投资，就需要克服人性中固有的弱点。

什么弱点呢？它就是非理性的情绪。情绪受短期刺激影响，会干扰我们的判断，影响我们的决策。

在资本市场中，每天的涨涨跌跌就是短期刺激，很多人的投资决策，完全依赖这些信号。

有一次在公司电梯里，两个同事在讨论股票，其中一个同事说：

"最近股票涨得很快呀，都 395 了。"另一个同事回应："是啊，等涨到 400 的时候，我就买回来。"

为什么很多人在投资中亏钱？因为价格上涨，他就看好买入；价格下跌，他就清仓止损。

但是，只有穿越短期的迷雾，看清长期价值所在，才能成为聪明的投资者。

巴菲特的老师本杰明·格雷厄姆说过一句话，值得我们打印出来贴在床头：

> 短期来看，股市是投票机；
>
> 长期来看，股市是称重机。

股市每一天都在波动，而且变化莫测。它就像是一个闹哄哄的投票现场，所有参与者的应激反应，决定了短期价格。

但只要我们把时间尺度拉长，就会发现：一个企业的股价主要是由它的价值决定的。乐视曾经"涨上天"，但不久就迎来了谷底；贵州茅台遭遇塑化剂危机时，股价大跌，但在随后的几年里，股票价格不断上涨，又到达新的高位。

格雷厄姆的这句话用来形容大多数投资都适用。比如：

> 短期来看，房市是投票机；
>
> 长期来看，房市是称重机。

当房价上涨的时候，房子往往卖得快，一天一个价；当楼市遇冷的时候，想买房的心，又被各种消息干扰，犹豫不决。

聪明的投资者不断修炼理性与耐心，专注于"基本面"，这样就能以不变应万变。

什么是"基本面"？它就是支持资产不断增值最底层的动力，是我们投资的核心逻辑。

指数基金的基本面就是蓬勃向上的国家和赢利不断提升的优秀公司组合。

房地产的基本面，就是"经济增长＋城市化进程＋通货膨胀的总和"。

任何一个领域的投资中，信息总是多如牛毛，只要搞懂基本面，就能帮助你牵住"牛鼻子"，在混乱中找到秩序。

明确自己的"能力圈"

投资世界非常庞杂，投资者要变得富有，只需要找到适合自己的少数品种就足够了。

查理·芒格提出了"能力圈"的概念。他说：

> 我们把投资领域局限在简单且容易理解的备选项目内，我们接触过的项目很多，除非我们特别看好，否则就会把它归为"太难"的选项。如果你确有能力，你就会非常清楚你能力圈的边界。若你问起，那就意味着你已在圈外。

有意思的是，心理学界有一个"邓宁—克鲁格效应"，这和查理·芒格的表述互相印证。

当一个人刚接触某个领域，学习了一些知识时，自信程度最高，以为自己很牛，接下来要经历挫折与失败，跌到绝望的谷底，不断前进，才能真正开悟。

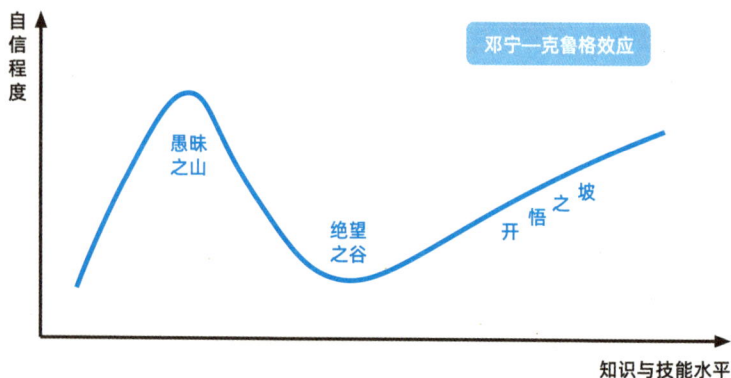

当一个人处在愚昧之山时，志得意满，以为自己的能力圈没有边界。

当一个人处在绝望之谷时，自怨自艾，害怕自己没有未来。

当一个人在开悟之坡上攀爬时，才真正明白，自己擅长什么，不擅长什么。

很多智者特别谦逊，不是因为假装谦虚，而是因为他们见识过浩瀚的世界，深知自己的渺小。

就像巴菲特，常常说自己搞不懂市场的短期走势。相比之下，你在网上可以看到各种股评家、预测大师，告诉投资者下周、下个月会怎么样。

明确自己的"能力圈"非常重要，否则会带来很严重的后果。就像我当时刚学会滑雪，水平很"菜"，就跑到高级道滑，结果摔得鼻青脸肿，休息了 3 个月。

在投资时，要时刻关注"能力圈"。因为你是在拿着金钱下注。对大多数普通人来说，钱都是辛苦工作挣来的。

过去几年，我身边有不少案例，损失惨重。有听人介绍炒期货几十万元血本无归的，有听内部消息买股票挥泪斩仓耽误买房的。

在财富的世界里，我们每走一步，都要慎重。如果缺乏相应的知识就去投资，如同看上去平坦的冰面，随时都可能被踩出大窟窿，一脚栽进去。

在本书中，我详细介绍了保险、基金、房产三个方面的知识。普通人只要把这三个方面的知识掌握好，就足够取得不错的收益。

如果你希望取得更高的收益，比如学习选股，做价值投资，那就要投入更多的时间，承担更大的风险。

学习投资三步法

我还记得，大学刚毕业时，每个月都"月光"，我心里很发慌。偶然有笔奖金，我想去做投资，但网上信息太多太乱，看了很多内容，依然一头雾水。

我相信很多人都有过或正在经历这种困惑，这也是促成我写书的最大动力。

我总结自己学习投资的经验，分为以下三个步骤，供你参考。

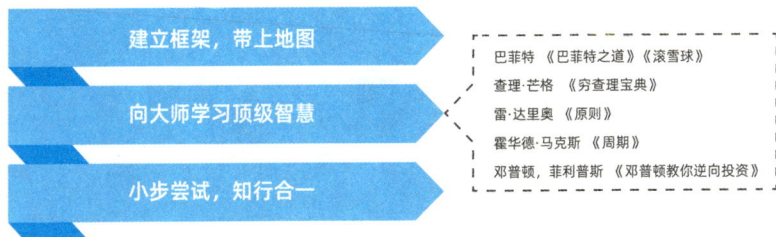

建立框架，带上地图	巴菲特 《巴菲特之道》《滚雪球》
向大师学习顶级智慧	查理·芒格 《穷查理宝典》 雷·达里奥 《原则》 霍华德·马克斯 《周期》
小步尝试，知行合一	邓普顿，菲利普斯 《邓普顿教你逆向投资》

建立框架，带上地图

在学习一门知识时，最紧要的任务，就是搭建起大致的框架，在大脑中构建"地图"。

当你在原始丛林中穿行时，只要手里有一份地图，就不会慌乱。虽然它比较粗糙，但标明方向，能指引你走出丛林。

因此，在投资入门时，我建议你少看网上的零散文章。不同的作者，水平参差不齐，而且很多人完全没有投资实操经验，为了流量而写作，这样的文章看得越多，你会越迷茫。

他们告诉你：这棵树上的果子很好吃，应该去摘；那朵花很漂亮，停下来看一看……虽然这些信息不断给你刺激，但让你失去了方向感。

相比之下，读书是效率更高的方法，特别是找到某个门类中，评分高的书籍帮助你高效地建立知识框架。

我发现关于保险、基金、房产领域各有相应的书，但缺少一本综合性的书，能够把这 3 个关键领域都讲清楚。

所以，我写了这本书，我希望它能帮助你走入"正确的门"，在一开始就理解投资中最重要的知识，并且抓住投资的本质。

因为能力有限，这个目标不一定能实现。如果你有建议，欢迎搜索关注我的微信公众号"兰启昌"，告诉我。

向大师学习顶级智慧

当投资入门以后，你会发现，投资的世界非常广阔，其中矗立着一些"高山"，这些"高山"，就是投资大师。

如果你想在这个世界里不断进阶，变得更专业，建议你多读投资大师的书，全方位无死角地向他们学习。

向巴菲特学习，他在不到 30 岁的时候就悟出了价值投资的道理，然后用一生的时间去践行。

《巴菲特之道》《滚雪球》是了解巴菲特的好书，但这些都来自他人的手笔。最好的材料，是巴菲特从 1962 年开始写给股东的信。

这些信在网上可以找到。我在读这些信时，深切地感受到穿越时间的智慧之光。我的愿望清单中也增加了一项——到奥马哈参加伯克希尔·哈撒韦股东大会。

向查理·芒格学习，他被称作世界上最智慧的人，他不仅是投资家，更是卓越的思想者。

他强调要建立"多元思考模型"，只有这样才能摒除思维谬误，更好地发现财富和人生的真相。

《穷查理宝典》这本书，我读过很多次，每次都有新收获。他的那句话，深刻地留在了我的脑海里：

> 想得到你想要的某样东西，最好的办法是让你自己配得上他。

向雷·达里奥学习，他掌管着当今世界最大的对冲基金。读他的《原则》，你会明白，投资是一个不断更新自我、求真求实的过程。

真诚、透明、开放，这些原则不仅能帮助你成为优秀的投资者，也将帮助你收获丰盈的人生。

向霍华德·马克斯学习，在《周期》一书中，他深刻地阐述了经济周期、企业经营周期、信贷周期、投资人情绪周期的观点。

太阳底下没有新鲜事，周期循环，人们总在恐惧和贪婪中来回摇摆。理解周期、掌握周期，将帮助你获得更卓越的投资回报。

向邓普顿学习，他创办了邓普顿基金集团。《福布斯》杂志称他为"历史上最成功的基金经理之一"。

不论是买汽车还是买家具，他极端地追求便宜货。即使后来他成为世界上最富有的人之一，也一直住在小城市巴哈马的海滨屋里。他外出旅行时，从不坐头等舱。

他有一套独特的哲学贯穿到投资、生活的各个方面。这套哲学非常简单，只有两步：一是，挑选便宜货，资产的价格要比价值低很多，最好能低 80%；二是，在别人悲观时出手，这也是他被称作"逆向"投资者的原因。

在《邓普顿教你逆向投资》中，有一句非常著名的话：

牛市在悲观中诞生，在怀疑中成长，在乐观中成熟，在兴奋中死亡。最悲观的时刻正是买进的最佳时机，最乐观的时刻正是卖出的最佳时机。

当你认真地读这些投资大师的书，听他们的演讲和采访时，你就入了投资的"名门正派"。

你经过了杰出思想的洗礼，从而养成了好的品位。当你看到质量差的内容时，就能自然地辨别出来。

小步尝试，知行合一

投资不仅是知识，更是实践技能。就像游泳一样，不论学了多少理论，你都必须跳进水里，才能真正学会。

因此，当你学习投资知识之后，要为自己创造实操的机会。

比如，你现在就开始定投指数基金，金额再小也没关系，重要的是，你要参与到市场中，感受市场的"水温"。

当你亲身参与后，就会体会到市场高涨时害怕踏空的焦灼，也会感受到熊市降临时试图清仓的恐惧。

只有这样，你才会真正明白：做一个理性、耐心的投资者，其实并不容易。只有通过这种情绪上的磨炼，才能真正成长为优秀的投资者。

古人说得好，"财不入急门"。投资新手在开始试水理财时，千万别着急，先拿小笔资金投入，等到积累了经验，增长了认知时，才适合大笔资金投入。

刚开始投资时，如果投资者运气好，经历了资产的大幅增长，一定会觉得自己很牛，千万要当心，这时正处在"愚昧之山"。

接下来，因为周期等各种力量，投资者肯定会经历"绝望之谷"，到那时，投资者一定会庆幸，自己当初没有大笔资金投入。

然后，投资者开始反思，不断学习，这时候，投资者开始明确"能力圈"，认知和情绪管理水平都有了长足的进步，慢慢就走上了"开悟之坡"。

学习—实践—反思—学习，这就是提升投资能力的完整循环。只要你仍在路上，循环就不会停止。即使像巴菲特，近90岁，每天也在不断阅读，不停学习。

希腊诗人卡瓦菲斯写道："当你启程，前往伊萨卡岛，但愿你的道路漫长，充满奇迹，充满发现。"

学习投资理财就是这样的旅程。它不仅帮你获得财富，而且帮你提升智慧，奔向自由。

理财就是理人生，愿你一往无前，自在辽阔。

■
致
谢

种一棵树最好的时间是十年前，其次是现在。

财富是一棵树，这本书也是一棵树。我要特别感谢那些播种的人。

感谢从小到大遇到的好老师，特别是刘晓仙、纪荣富、蔡玉鑪老师，你们在我心中洒下了写作的种子，鼓励我表达想法，分享知识。

感谢张志安老师，在复旦大学上学时，你让我明白了求真的价值，让我学会了求知的方法。

感谢李一诺和华章，你们创办的"奴隶社会"，为我和很多年轻人打开了一扇窗，因为"奴隶社会"对公众号文章的转载，激发了在我互联网上持续写作的兴趣。

感谢王祥学长，作为一名专业的基金管理者，你的鼓励，让我更有信心将这本书的内容分享给更多人。

感谢我的出版人姚新军老师，你的专业、认真和耐心，促成了这本书的诞生。

感谢为本书提出珍贵建议的好友，高尚毓、代凌燕、杜骞、李珊珊、赖筱堃，你们的建议发挥了重要的作用。

在过去的这些年里，身边的好朋友常常让我感受到人间的美好，在智识、人生经验等各个方面，提供了许多的支持。谢谢你们——马伟民、董光明、黄有璨、火金姐、陈勇、知静、刘志斌、Slyvia、Sissi、伏昕、陈智斌、飞鱼船长、刘文宁、Gary Tao、Ivy Liu、蓝凯、马骏、冯凡、周天、米老师、李鑫、杨宁、李天健、沙坦。

感谢我的父母，你们给予我宽松自由的环境，让我能够追求自己的道路。感谢我的表哥和表嫂，你们是我坚强的后盾。

要特别感谢我的爱人，你的陪伴与鼓励，使我能坚持爱好，不断地写下去，让我在遇到挫折的时候，依然对未来充满希望。

最后，谢谢所有读者的信任，特别是读到这里的你，期待你有所收获。

如果有任何建议，欢迎告诉我。关注微信公众号"兰启昌"，回复"1"，就能获得我的联系方式。

期待再会。